Ausonius · Mosella

D. Magnus Ausonius

Mosella

Mit Texten von
Symmachus und Venantius Fortunatus

Lateinisch / Deutsch

Herausgegeben,
übersetzt und kommentiert
von Otto Schönberger

Philipp Reclam jun.
Stuttgart

Umschlagabbildung:
Weinschiff von Neumagen, 3. Jh. n. Chr.
(Foto: Rheinisches Landesmuseum Trier)

Universal-Bibliothek Nr. 18027

Gesamtherstellung: Reclam, Ditzingen. Printed in Germany 2000

ISBN 3-15-018027-9

Decimus Magnus Ausonius

Mosella · Die Mosel

Transieram celerem nebuloso flumine Navam,
addita miratus veteri nova moenia Vinco,
aequavit Latias ubi quondam Gallia Cannas
infletaeque iacent inopes super arva catervae.
unde iter ingrediens nemorosa per avia solum
et nulla humani spectans vestigia cultus
praetereo arentem sitientibus undique terris
Dumnissum riguasque perenni fonte Tabernas
arvaque Sauromatum nuper metata colonis;
et tandem primis Belgarum conspicor oris
Noiomagum, divi castra inclita Constantini.
purior hic campis aer Phoebusque sereno
lumine purpureum reserat iam sudus Olympum
nec iam consertis per mutua vincula ramis
quaeritur exclusum viridi caligine caelum,
sed liquidum iubar et rutilam visentibus aethram
libera perspicui non invidet aura diei.
in speciem cum me patriae cultumque nitentis
Burdigalae blando pepulerunt omnia visu:
culmina villarum pendentibus edita ripis
et virides Baccho colles et amoena fluenta
subterlabentis tacito rumore Mosellae.

Salve, amnis, laudate agris, laudate colonis,
dignata imperio debent cui moenia Belgae,
amnis odorifero iuga vitea consite Baccho,
consite gramineas, amnis viridissime, ripas!
naviger ut pelagus, devexas pronus in undas
ut fluvius, vitreoque lacus imitate profundo,
et rivos trepido potes aequiperare meatu
et liquido gelidos fontes praecellere potu;
omnia solus habes, quae fons, quae rivus et amnis

Ich hatte den nebelverhüllten Strom der raschen Nahe überquert, auch die neuen Mauern bewundert, die das alte Bingen umgeben, da, wo Gallien einst wie Rom sein Cannae erlebte und die Scharen unbestattet und unbeweint auf den Feldern liegen. Dort begann ich den einsamen Weg durch waldige Wildnis, sah nirgends auch nur die Spur von menschlichem Anbau, ging auch vorbei am trockenen Dumnissus, das ringsum lechzende Felder umgeben, auch an Tabernae, das ständig fließendes Wasser besitzt, und an der Flur, die man jüngst sarmatischen Siedlern zumaß. Endlich erblicke ich gleich an der Grenze der Belger Neumagen, die berühmte Burg des vergöttlichten Constantinus. Hier weht reinere Luft auf der Flur, hell strahlend erschließt schon Phöbus mit heiterem Licht den glänzenden Äther. Nun sucht man nicht mehr den Himmel, den dicht ineinander verschlungene Zweige mit grünem Dunkel verdeckten; nein, neidlos gewährt die freie Luft des klaren Tages dem Auge schimmerndes Licht und strahlende Helle. All dies zauberte mir mit reizendem Anblick das Bild meiner Heimat und der wohlbebauten Flur des prangenden Bordeaux vor Augen: die hohen Giebel der Villen, erbaut über ragenden Ufern, rebengrüne Hügel, die lieblichen Fluten der Mosel, die murmelnd unten dahinströmt.

Sei gegrüßt, Strom, gerühmt von den Fluren, gerühmt von den Bauern; dir verdanken die Belger die der Herrschaft gewürdigte Stadt, Strom, dessen Weinberge mit duftenden Reben bepflanzt sind, grüner Fluss, auch am grasreichen Ufer mit Reben besetzt! Schiffe trägst du wie das Meer, strömst talwärts mit eilenden Wogen als Fluss, besitzest kristallene Tiefe wie Seen, kannst Bächen es gleichtun in hurtigem Lauf und mit klarem Trank kühle Quellen beschämen. Du allein hast alles, was die Quelle besitzt, der Bach und der Strom und der See und das Meer, das

et lacus et bivio refluus munimine pontus.
tu placidis praelapsus aquis nec murmura venti
ulla nec occulti pateris luctamina saxi,
non spirante vado rapidos properare meatus
cogeris; exstantes medio non aequore terras
interceptus habes, iusti ne demat honorem
nominis, exclusum si dividat insula flumen.
tu duplices sortite vias, et cum amne secundo
defluis, ut celeres feriant vada concita remi,
et cum per ripas nusquam cessante remulco
intendunt collo malorum vincula nautae,
ipse tuos quotiens miraris in amne recursus
legitimosque putas prope segnius ire meatus!
tu neque limigenis ripam praetexeris ulvis
nec piger immundo perfundis litora caeno;
sicca in primores pergunt vestigia lymphas.
  I nunc, et Phrygiis sola levia consere crustis
tendens marmoreum laqueata per atria campum;
ast ego despectis quae census opesque dederunt
naturae mirabor opus, non cura nepotum
laetaque iacturis ubi luxuriatur egestas.
hic solidae sternunt umentia litora harenae,
nec retinent memores vestigia pressa figuras.
  Spectaris vitreo per levia terga profundo,
secreti nihil, amnis, habens; utque almus aperto
panditur intuitu liquidis obtutibus aer
nec placidi prohibent oculos per inania venti,
sic demersa procul durante per intima visu
cernimus arcanique patet penetrale profundi,
cum vada lene meant liquidarum et lapsus aquarum
prodit caerulea dispersas luce figuras,
quod sulcata levi crispatur harena meatu,
inclinata tremunt viridi quod gramina fundo;
usque sub ingenuis agitatae fontibus herbae

die Mole mit wechselnder Strömung durchfließt. Du gleitest dahin mit friedlichen Wassern, spürst nicht das Brausen des Windes und mühst dich nicht im Kampf mit verborgenen Felsen; (35) brandende Untiefe zwingt dich nicht, rasch reißend zu strömen, nicht hemmt dich mitten aus deiner Flut aufragendes Erdreich, damit deine Namensehre als Fluss nicht leidet, wenn eine Insel den Strom verdrängt und teilt. Zwei Wege sind dir gegeben: Wenn du flussabwärts strömst, (40) treibt rascher Ruderschlag die eilenden Wogen; wenn aber die Schiffer an deinen Ufern die Seile am Mast mit dem Nacken spannen und das Zugseil nie durchhängt, wie oft staunst du da über Gegenströmung in deinen Wassern und meinst, der verlangsamte Lauf sei fast schon natürlich. (45) Nicht säumst du dein Ufer mit schlammentsprossenem Schilf, überziehst auch nicht träg deine Ränder mit schmutzigem Schlick; trocken gelangt der Fuß herab zum Rand deiner Wogen.

Nun geh hin und belege den glatten Estrich mit Phrygischen Platten, breite ein marmornes Feld in deiner getäfelten Halle! Ich jedoch verschmähe alles, was Besitz und Vermögen gewähren, (50) und will das Werk der Natur bewundern, wo weder Prasser schwelgen noch der Verarmte lustig das Letzte vergeudet. Hier bedeckt fester Sand die feuchten Ufer, nicht hinterlässt hier der Druck des Fußes bleibende Spuren.

(55) Man sieht durch deinen glatten Spiegel hinab zur gläsernen Tiefe, Strom, der kein Geheimnis kennt; und wie sich die nährende Luft bei klarer Sicht dem hellen Blick breitet und sanfte Winde den Augen freie Schau in die Ferne gestatten, so dringt bei dir der spähende Blick zum tiefen Grund in dein Innerstes, (60) und das Geheimnis bergender Tiefe breitet sich offen. Indes ziehen deine Wogen still dahin, und das klare, gleitende Wasser enthüllt im blauen Licht uns mancherlei Bilder: wie leichte Strömung den Sand furcht und kräuselt, wie Gräser auf grünem Grund sich biegen und zittern; (65) auch wie Kräuter in heimischen Wogen

vibrantes patiuntur aquas lucetque latetque
calculus et viridem distinguit glarea muscum.
tota Caledoniis talis pictura Britannis,
cum virides algas et rubra corallia nudat
aestus et albentes, concharum germina, bacas,
delicias hominum, locupletibus atque sub undis
assimulant nostros imitata monilia cultus;
haud aliter placidae subter vada laeta Mosellae
detegit admixtos non concolor herba lapillos.
Intentos tamen usque oculos errore fatigant
interludentes, examina lubrica, pisces.
sed neque tot species obliquatosque natatus,
quaeque per adversum succedunt agmina flumen,
nominaque et cunctos numerosae stirpis alumnos
edere fas aut ille sinit, cui cura secundae
sortis et aequorei cessit tutela tridentis;
tu mihi, flumineis habitatrix Nais in oris,
squamigeri gregis ede choros liquidoque sub alveo
dissere caeruleo fluitantes amne catervas.
Squameus herbosas capito inter lucet harenas,
viscere praetenero fartim congestus aristis
nec duraturus post bina trihoria mensis;
purpureisque salar stellatus tergora guttis,
et nullo spinae nociturus acumine rhedo,
effugiensque oculos celeri levis umbra natatu.
tuque per obliqui fauces vexate Saravi,
qua bis terna fremunt scopulosis ostia pilis,
cum defluxisti famae maioris in amnem
liberior laxos exerces, barbe, natatus;
tu melior peiore aevo, tibi contigit omni
spirantum ex numero non illaudata senectus.
Nec te puniceo rutilantem viscere, salmo,
transierim, latae cuius vaga verbera caudae

fortwährend schwanken, sich dem wallenden Wasser beugen, wie Kiesel aufleuchten und wieder verschwinden, und wie der Kies sich abhebt vom grünen Moose. Ganz so ist das Bild, das Schottlands Bewohnern sich bietet, wenn die Ebbe grüne Algen und rote Korallen freigibt, dazu die Kinder der Muscheln, weiß schimmernde Perlen, Entzücken der Menschen, und wenn unter den reichen Wellen Steine, gereiht wie Ketten, den Schmuck der Menschen nachbilden. Ebenso enthüllt in der lieblichen Flut der friedlichen Mosel andersfarbiges Kraut die eingebetteten Kiesel.

Richtest du aber den Blick beständig hinab, ermüden ihn behende Scharen, durcheinander flitzende Fische, die sich da unten tummeln. Doch mir ist nicht erlaubt, ihre vielen Arten, ihr Herumschießen zu offenbaren, auch nicht alle Scharen, die hintereinander flussaufwärts schwimmen, nicht ihre Namen und alle die Kinder des zahlreichen Stammes; jener lässt es nicht zu, der die Herrschaft des zweiten Reiches erloste und Obhut über den Dreizack des Meeres. Du aber, Najade, Bewohnerin des Flussbettes, künde mir die Schwärme der schuppigen Herde, erkläre die Scharen, die in der klaren Tiefe des blauen Stromes sich wiegen.

Zwischen Gräsern im Sand leuchtet der schuppige Dickkopf hervor; dicht und fest liegt sein hauchzartes Fleisch um die Gräten, doch hält es nicht länger als zweimal drei Stunden zur Tafel; die Forelle trägt auf dem Rücken Sternchen wie purpurne Tropfen; keine gefährlich-spitzigen Stacheln hat das Neunauge, und raschen Ruckes enflieht die Äsche flüchtig den Augen. Du dann, Barbe, zwängst dich durch die Schlünde der schlängelnden Saar, dort, wo zweimal drei Arme die felsigen Pfeiler umbrausen; doch wenn du erst in den ruhmreicheren Fluss gelangt bist, schwimmst du frei dahin in weiteren Bogen. Du gewinnst an Geschmack in drückenden Jahren, erlangst allein unter allen atmenden Wesen ein ungescholtenes Alter.

Auch dich, Salm, der rötlich schimmert mit rosigem Fleisch, will ich nicht übergehen; bald hier, bald dort

gurgite de medio summas referuntur in undas,
occultus placido cum proditur aequore pulsus;
tu loricato squamosus pectore, frontem
lubricus et dubiae facturus fercula cenae,
tempora longarum fers incorrupte morarum,
praesignis maculis capitis, cui prodiga nutat
alvus opimatoque fluens abdomine venter.
quaeque per Illyricum, per stagna binominis Histri,
spumarum indiciis caperis, mustela, natantum,
in nostrum subvecta fretum, ne lata Mosellae
flumina tam celebri defraudarentur alumno.
quis te naturae pinxit color! atra superne
puncta notant tergum, qua lutea circuit iris;
lubrica caeruleus perducit tergora fucus;
corporis ad medium fartim pinguescis, at illinc
usque sub extremam squalet cutis arida caudam.
Nec te, delicias mensarum, perca, silebo,
amnigenos inter pisces dignande marinis,
solus puniceis facilis contendere mullis;
nam neque gustus iners solidoque in corpore partes
segmentis coeunt, sed dissociantur aristis.
hic etiam Latio risus praenomine, cultor
stagnorum, querulis vis infestissima ranis,
lucius obscuras ulva caenoque lacunas
obsidet; hic nullos mensarum lectus ad usus
fervet fumosis olido nidore popinis.
quis non et virides, vulgi solacia, tincas
novit et alburnos, praedam puerilibus hamis,
stridentesque focis, obsonia plebis, alausas?
teque inter species geminas neutrumque et utrumque,
qui necdum salmo, nec iam salar, ambiguusque
amborum, medio, sario, intercepte sub aevo?
tu quoque flumineas inter memorande cohortes,

pflanzt sich der Schlag deines breiten Schwanzes aus tiefem Grund empor zum Spiegel der Wellen, (100) verrät sich verborgener Stoß auf ruhiger Fläche. Schuppiger Panzer umhüllt deine Brust, die Stirne ist glatt; du wirst einen Gang für das Schlemmermahl bilden und hältst lange Zeit dich, ohne zu verderben. Dich zieren Flecken am Kopf, der Schmerbauch (105) schwappt hin und her, dein Leib erschlafft vom fetten Gekröse. Auch du, Aalraupe, die in Illyrien in trägen Gewässern der doppelnamigen Donau, verraten von treibendem Schaum, gefangen wird, kamst herauf an unser Gestade, damit dem breiten Moselstrom nicht ein so berühmter Pflegling fehle. Mit welchen Farben hat dich Natur doch bemalt! Oben zeichnen schwarze (110) Punkte den Rücken, umrandet von rotgelber Iris; bläuliche Farbe läuft über die schlüpfrigen Flanken. Bis zur Mitte des Leibes strotzest du fett, doch von dann bis zur Schwanzspitze starrt nur dürr noch die Haut.

(115) Auch von dir, Barsch, Leckerbissen auf jeder Tafel, will ich nicht schweigen; nur du unter allen Flussfischen stehst Seefischen gleich an Rang, du allein kannst dich leicht mit roten Meerbarben messen. Dein Geschmack ist ja nicht fade; am festen Körper schließen sich die Einzelteile dicht zusammen, doch trennen sie Gräten. (120) Hier steht auch Lucius, der Hecht, mit lateinischem Namen lustig benannt, Bewohner der Tümpel und Todfeind quakender Frösche, in den von Binsen und Schlamm verdunkelten Kolken; er wird aber nicht als Speise für feine Tafeln erwählt, sondern dampft nur in Garküchen, die öliger Qualm verräuchert. (125) Wer auch kennt nicht die grünen Schleien, die Tröster der Armen, wer nicht den Weißfisch, Beute angelnder Knaben, und Alsen, die als Kost gewöhnlicher Leute auf Herden prasseln? Wer kennt dich nicht, Lachsforelle, Mittelwesen zwischen zwei Arten, keiner und doch beiden zugehörig, noch nicht Lachs und nicht mehr Forelle (130) und eben zur Zeit des Wechsels vom einen zum andern gefangen? Auch dich, Gründling, muss man unter den Scharen im

gobio, non geminis maior sine pollice palmis,
praepinguis, teres, ovipara congestior alvo
propexique iubas imitatus, gobio, barbi.
Nunc, pecus aequoreum, celebrabere, magne silure,
quem velut Actaeo perductum tergora olivo
amnicolam delphina reor; sic per freta magnum
laberis et longi vix corporis agmina solvis
aut brevibus defensa vadis aut fluminis ulvis.
at cum tranquillos moliris in amne meatus,
te virides ripae, te caerula turba natantum,
te liquidae mirantur aquae; diffunditur alveo
aestus et extremi procurrunt margine fluctus.
talis Atlantiaco quondam ballena profundo,
cum vento motuve suo telluris ad oras
pellitur, exclusum fundit mare magnaque surgunt
aequora vicinique timent decrescere montes.
hic tamen, hic nostrae mitis ballena Mosellae
exitio procul est magnoque honor additus amni.
Iam liquidas spectasse vias et lubrica pisces
agmina multiplicesque satis numerasse catervas;
inducant aliam spectacula vitea pompam,
sollicitentque vagos Baccheia munera visus,
qua sublimis apex longo super ardua tractu
et rupes et aprica iugi flexusque sinusque
vitibus assurgunt naturalique theatro.
Gauranum sic alma iugum vindemia vestit
et Rhodopen, proprioque nitent Pangaea Lyaeo;
sic viret Ismarius super aequora Thracia collis;
sic mea flaventem pingunt vineta Garunnam.
summis quippe iugis tendentis in ultima clivi
conseritur viridi fluvialis margo Lyaeo.

Fluss erwähnen; nicht länger bist du als zwei Handbreit ohne die Daumen, dafür aber speckfett und rund und rundlicher noch, wenn der Bauch mit Rogen gefüllt ist, Gründling, der du den Bart der Barbe mit hängenden Barteln nachahmst.

(135) Nun aber, riesiges Tier der Meerflut, sei gepriesen, mächtiger Wels, der mir, am Rücken gleichsam mit attischem Öl überzogen, als flussbewohnender Delphin erscheint, so machtvoll gleitest du durch die Fluten und kannst den langgestreckten Leib kaum ausrecken, wenn du dich an kurzen Untiefen oder im Röhricht des Flusses birgst. (140) Doch ziehst du still im Strom deine Bahn, bewundern dich grüne Ufer, die Schar blaugrüner Fische, die lautere Flut; schäumend teilt sich im Flussbett die Woge, und ihre Ausläufer streichen am Ufer entlang. So überschwemmt zuweilen am atlantischen Ozean der Walfisch, (145) den Sturm oder eigener Schwung an die Küste des Festlands treiben, mit verdrängtem Wasser das Ufer; mächtige Wellen steigen empor, und nahe Berge fürchten, kleiner zu werden. Hier aber liegt es dem sanften Wal unsrer Mosel ferne, Verderben zu bringen, nein, er ist unserem großen Strom zur Zierde gegeben.

(150) Genug schon betrachteten wir die fließenden Pfade und zählten der Fische schlüpfrige Schwärme und vielfache Scharen. Nun biete andere Schau das Gepränge des Rebengeländes, nun sollen des Bacchus Gaben die schweifenden Blicke ergötzen, dort, wo ein hoher Gipfel in langem Zug über Steilhänge, (155) auch Felsen, besonnte Hügel, Biegung und Bucht, mit Reben bepflanzt, zu einem Naturtheater aufsteigen. So bekleidet üppiger Weinwuchs das Gaurusgebirge und so die Rhodope, so prangt das Pangaeusgebirge mit seinem eigenen Weinstock; so auch grünt der Ismarus-Berg über dem Thrakischen Meer, (160) und so auch schmücken meine heimischen Weinfluren die gelbe Garonne. Denn von den höchsten Höhen bis zum äußersten Rand des herabsteigenden Hanges ist das Ufer des Flusses

laeta operum plebes festinantesque coloni
vertice nunc summo properant, nunc deiuge dorso,
certantes stolidis clamoribus. inde viator
riparum subiecta terens, hinc navita labens,
probra canunt seris cultoribus; astrepit ollis
et rupes et silva tremens et concavus amnis.

Nec solos homines delectat scaena locorum:
hic ego et agrestes Satyros et glauca tuentes
Naidas extremis credam concurrere ripis,
capripedes agitat cum laeta protervia Panas
insultantque vadis trepidasque sub amne sorores
terrent, indocili pulsantes verbere fluctum.
saepe etiam mediis furata e collibus uvas
inter Oreiadas Panope fluvialis amicas
fugit lascivos, paganica numina, Faunos.
dicitur et, medio cum sol stetit aureus orbe,
ad commune fretum Satyros vitreasque sorores
consortes celebrare choros, cum praebuit horas
secretas hominum coetu flagrantior aestus;
tunc insultantes sua per freta ludere Nymphas
et Satyros mersare vadis rudibusque natandi
per medias exire manus, dum lubrica falsi
membra petunt liquidosque fovent pro corpore fluctus.
sed non haec spectata ulli nec cognita visu
fas mihi sit pro parte loqui; secreta tegatur
et commissa suis lateat reverentia rivis.

Illa fruenda palam species, cum glaucus opaco
respondet colli fluvius, frondere videntur
fluminei latices et palmite consitus amnis.
quis color ille vadis, seras cum propulit umbras
Hesperus et viridi perfundit monte Mosellam!
tota natant crispis iuga motibus et tremit absens

mit grünem Wein bepflanzt. Das arbeitsfrohe Volk und die emsigen Winzer sputen sich bald am Gipfel des Hügels, bald am abwärts sich neigenden Hang, wetteifernd in albernen Rufen. Hier singt der Wanderer, der unten am Ufer dahinzieht, dort der Schiffer im gleitenden Kahn den säumigen Häckern ein Spottlied; Felsen, zitternde Wälder und auch der tiefe Fluss geben Antwort.

Nicht aber Menschen allein entzückt die ländliche Szene. Hier, will ich glauben, treffen sich auch wilde Satyrn und blauäugige Najaden am Ufer des Flusses, wenn ausgelassene Lüsternheit bocksfüßige Pane wild macht, dass sie im seichten Wasser umherspringen, die ängstlichen Schwestern drunten erschrecken und ungeschickt plantschend ins Wasser patschen. Oft auch floh schon die Flussnymphe Panope, die mitten in Hügeln bei den Bergnymphen, ihren Gespielen, Trauben naschte, vor geilen Faunen, ländlichen Göttern. Man sagt auch, dass, wenn die golden strahlende Sonne in der Mitte ihrer Bahn steht, die Satyrn mit den Nymphenschwestern aus gläserner Tiefe einträchtig im Strome tanzen, dann, wenn allzu glühende Hitze Stunden beschert, die frei sind vom Andrang der Menschen. Da hüpfen die Nymphen spottend in ihren Wogen, drücken die Satyrn mehrfach ins Wasser und entgleiten dem Zugriff der linkischen Schwimmer, die genarrt nach ihren schlüpfrigen Gliedern tappen, doch nur blankes Nass, nicht Mädchen umfangen. Dies aber hat noch niemand gesehn und kein Auge erblickt, und auch ich künde nur, soviel ich darf; was Ehrfurcht erheischt, sei mit Schweigen bedeckt, seinem Fluss anvertraut und verborgen.

Frei dagegen darf man diesen schönen Anblick genießen: Wenn der blaugrüne Strom den dunklen Hügel spiegelt, scheinen die Wasser des Flusses belaubt und der Strom mit Reben bepflanzt. Und welches Farbenspiel bietet der Fluss, wenn Hesperus erscheint, die Schatten sich längen und die Mosel mit dem Grün der Berge übergießen! Da schwimmen alle Hügel kräuselnd bewegt, es zittert das Bild

pampinus et vitreis vindemia turget in undis.
annumerat virides derisus navita vites,
navita caudiceo fluitans super aequora lembo
per medium, qua sese amni confundit imago
collis et umbrarum confinia conserit amnis.
  Haec quoque quam dulces celebrant spectacula pompas:
remipedes medio certant cum flumine lembi
et varios ineunt flexus viridesque per oras
stringunt attonsis pubentia germina pratis.
puppibus et proris alacres gestire magistros
impubemque manum super amnica terga vagantem
dum spectat transire diem, sua seria ludo
posthabet, excludit veteres nova gratia curas.
tales Cumano despectat in aequore ludos
Liber, sulphurei cum per iuga consita Gauri
perque vaporiferi graditur vineta Vesevi,
cum Venus Actiacis Augusti laeta triumphis
ludere lascivos fera proelia iussit Amores
qualia Niliacae classes Latiaeque triremes
subter Apollineae gesserunt Leucados arces,
aut Pompeiani Mylasena pericula belli
Euboicae referunt per Averna sonantia cumbae;
innocuos ratium pulsus pugnasque iocantes
naumachiae, Siculo qualis spectata Peloro,
caeruleus viridi reparat sub imagine pontus.
non aliam speciem petulantibus addit ephebis
pubertasque amnisque et picti rostra phaseli.
hos Hyperionio cum sol perfuderit aestu,
reddit nautales vitreo sub gurgite formas
et redigit pandas inversi corporis umbras,
utque agiles motus dextra laevaque frequentant
et commutatis alternant pondera remis,

der Ranke, der Weinherbst schwillt in gläsernen Wogen. Genarrt zählt der Schiffer diese grünen Reben noch mit, der Schiffer, der auf den Fluten gleitend in seinem Nachen schaukelt, ganz in der Mitte, wo sich das Abbild des Hügels mit dem Strome vermischt und der Fluss die Grenzen der Schattenbilder ineinander verschwimmen lässt.

Und welch hübsche Festbilder bietet erst dieses Schauspiel: wenn ruderbeschwingte Kähne mitten im Fluss wetteifern, mancherlei Wendungen ausführen und am grünenden Ufer sprossende Gräser frisch gemähter Wiesen streifen. Wenn nun die Führer der Boote an Heck und Bug begeistert jubeln und die junge Mannschaft auf dem Rücken des Flusses sich tummelt und so den Tag hinbringt – da, wenn einer zusieht, vergisst er den Ernst seines Lebens über dem Spiel; das Vergnügen von heute vertreibt ihm die Sorgen von gestern. Solche Spiele betrachtet Bacchus in der Bucht von Baiae, wenn er über die weinbewachsenen Höhen des schwefelreichen Gaurus schreitet und durch die Weingärten des dampfenden Vesuvs, wenn Venus, erfreut über den Triumph des Augustus bei Actium, ihre ausgelassenen Eroten die wilde Schlacht nachspielen lässt, so wie die Schiffe vom Nil und Latiums Trieren unter der Burg von Leucas, der Stadt des Apollo, kämpften, oder wenn die Boote bei Cumae auf dem hallenden Avernersee die gefahrvolle Seeschlacht bei Mylae im Krieg gegen Pompeius nachahmen. Das harmlose Rammen der Kähne und die Seeschlacht als scherzhaftes Spiel eines Kampfes, den Siziliens Pelorus einst wirklich erlebte, spiegelt dort das dunkle Meer in grünlichem Abbild. Gleiches Schauspiel bieten hier übermütige junge Burschen, der Strom und die Schiffe mit bunten Farben am Steven. Wenn dann mit Hyperions Glut die Sonne herabstrahlt, lässt sie in klarer Flut die Gestalt der Schiffer erscheinen und zeigt spiegelverkehrt das Bild der gebogenen Leiber. Während sie nun rechts wie links rasche Ruderschläge wiederholen, wechselnd die Ruder eintauchen und dabei ihr Gewicht nach den Seiten verla-

unda refert alios, simulacra umentia, nautas.
ipsa suo gaudet simulamine nautica pubes,
fallaces fluvio mirata redire figuras.
sic ubi compositos ostentatura capillos,
candentem late speculi explorantis honorem
cum primum carae nutrix admovit alumnae,
laeta ignorato fruitur virguncula ludo
germanaeque putat formam spectare puellae;
oscula fulgenti dat non referenda metallo
aut fixas praetemptat acus aut frontis ad oram
vibratos captat digitis extendere crines:
talis ad umbrarum ludibria nautica pubes
ambiguis fruitur veri falsique figuris.
  Iam vero accessus faciles qua ripa ministrat,
scrutatur toto populatrix turba profundo
heu male defensos penetrali flumine pisces,
hic medio procul amne trahens umentia lina
nodosis decepta plagis examina verrit;
ast hic, tranquillo qua labitur agmine flumen,
ducit corticeis fluitantia retia signis;
ille autem scopulis subiectas pronus in undas
inclinat lentae conexa cacumina virgae,
inductos escis iaciens letalibus hamos.
quos ignara doli postquam vaga turba natantum
rictibus invasit patulaeque per intima fauces
sera occultati senserunt vulnera ferri,
dum trepidant, subit indicium crispoque tremori
vibrantis saetae nutans consentit harundo,
nec mora et excussam stridenti verbere praedam
dexter in obliquum raptat puer; excipit ictum
spiritus, ut fractis quondam per inane flagellis
aura crepat motoque assibilat aere ventus.
exultant udae super arida saxa rapinae
luciferique pavent letalia tela diei,
cuique sub amne suo mansit vigor, aere nostro

gern, zeigt die Woge andere Schiffer im Wasser gespiegelt. Das junge Schiffsvolk freut sich über sein Abbild und staunt, dass seine Gestalt sich im Fluss so täuschend spiegelt. (230) Es ist, wie wenn eine Amme ihrem lieben Zögling zum ersten Mal den prüfenden Spiegel mit seinem weithin leuchtenden Glanz vorhielt, um die schön gekämmten Haare zu zeigen: Fröhlich freut sich das Mädchen am neuen Spielzeug und meint, das Bild einer Zwillingsschwester zu sehen, (235) gibt dem blanken Metall Küsse, die es nicht erwidert, oder tastet nach den Nadeln, die im Haar sitzen, versucht auch mit den Fingern krause Stirnlocken zu glätten. Ganz so erfreut sich das junge Schiffsvolk an gaukelnden Bildern, die täuschen, als wären sie wirklich.

(240) Dort aber, wo das Ufer leichten Zugang gewährt, durchforscht eine plündernde Schar alle Tiefen nach Fischen, die der heilige Schoß des Flusses nur schlecht, ach, verteidigt. Der eine schleppt weit in der Mitte des Stroms das feuchte Netz und fegt die Scharen zusammen, die sich in geknüpften Maschen verfingen. (245) Der andere zieht seine Netze, die an sichtbaren Korkstücken schwimmen, dort, wo der Fluss mit stiller Strömung dahinstreicht; ein dritter wieder beugt sich vom Felsen zu den Wogen dort unten vor, neigt die an biegsamer Rute befestigte Spitze und wirft den mit tödlichem Köder besteckten Haken. (250) Wenn nun die arglos schweifende Schar der Fische mit offenem Maul darauf losfuhr und zu spät im Innern des klaffenden Schlundes die Verwundung durch das verborgene Eisen spürte und sie dann zappeln, sieht man es oben, und das wippende Rohr neigt sich beim Zittern und Beben der zuckenden Schnur. (255) Rasch reißt der geschickte Knabe die Beute heraus und schleudert sie seitwärts mit zischendem Schwung; die Luft empfängt den Schlag, so wie sie auch zischt, wenn man mit der Peitsche ins Leere schlägt und dabei der Wind in der bewegten Luft pfeift. Die feuchte Beute schnellt auf trockenen Felsen (260) und fürchtet die tödlichen Strahlen des lichthellen Tages; Tiere, die im heimischen Strom ihre Stärke

segnis anhelatis vitam consumit in auris.
iam piger invalido vibratur corpore plausus,
torpida supremos patitur iam cauda tremores
nec coeunt rictus, haustas sed hiatibus auras
reddit mortiferos exspirans branchia flatus.
sic ubi fabriles exercet spiritus ignes
accipit alterno cohibetque foramine ventos
lanea fagineis alludens parma cavernis.
vidi egomet quosdam leti sub fine trementes
collegisse animas, mox in sublime citatos
cernua subiectum praeceps dare corpora in amnem,
desperatarum potientes rursus aquarum;
quos impos damni puer inconsultus ab alto
impetit et stolido captat prensare natatu.
sic Anthedonius Boeotia per freta Glaucus,
gramina gustatu postquam exitialia Circes
expertus carptas moribundis piscibus herbas
sumpsit, Carpathium subiit novus accola pontum.
ille hamis et rete potens, scrutator operti
Nereos, aequoream solitus converrere Tethyn,
inter captivas fluitavit praedo catervas.
  Talia despectant longo per caerula tractu
pendentes saxis instanti culmine villae,
quas medius dirimit sinuosis flexibus errans
amnis, et alternas comunt praetoria ripas.
quis modo Sestiacum pelagus, Nepheleidos Helles
aequor, Abydeni freta quis miretur ephebi?
quis Chalcedonio constratum ab litore pontum,
regis opus magnum, mediis euripus ubi undis
Europaeque Asiaeque vetat concurrere terras?
non hic dira freti rabies, non saeva furentum

bewahrten, verlieren die Kraft in unserer Luft, ersticken vom Hauch, den sie schnappen. Schon zuckt der Körper ermattet mit kraftlosem Schlag, schon läuft durch den starrenden Schwanz ein letztes Erzittern, (265) nicht mehr schließt sich das klaffende Maul, nein, die Kieme gibt schnappend gesogene Luft zurück und haucht den todbringenden Atem aus. Es ist, wie wenn die Luft das Schmiedefeuer anfacht und die wollene Ventilklappe im buchenen Kasten vor und zurück schlägt, das Loch dabei öffnet und schließt und die Luft aufnimmt und einsperrt. (270) Freilich sah ich auch manche Fische, die zitternd, schon nahe dem Tod, noch all ihre Lebensgeister sammelten, dann in die Höhe schnellten, sich kopfüber jäh in den Fluss hinab stürzten und so – gegen alle Hoffnung – die Wasser wieder gewannen. Der Knabe kann den Verlust nicht verwinden, springt blindlings dem Fisch von oben (275) nach und will ihn, täppisch schwimmend, einholen und fassen. So war es, als Glaucus von Anthedon, Fischer am Böotischen Meer, Circes tödliche Kräuter kostete und erprobte – sie waren zuvor von sterbenden Fischen benagt – und dann als neuer Bewohner ins tiefe Karpathische Meer sprang. (280) Er, der als gewaltiger Fischer mit Haken und Netz des Nereus heimliche Tiefe durchforschte, gewohnt, das offene Meer der Tethys auszufischen, der schwamm nun – einst ihr Räuber – in Schwärmen, die sonst er gefangen.

Solche Bilder genießen am blauen Wasser in langer Reihe Villen, die mit ragendem Giebel auf Felsen stehen; (285) mitten hindurch läuft trennend der Fluss und schlängelt sich windend und biegend, und Schlösser schmücken bald hüben, bald drüben die Ufer. Wer wird nun noch das Meer bei Sestus bestaunen, die Flut der Helle, Nepheles Tochter, wer den Sund des Jünglings von Abydos bewundern? Wer noch das Meer, das man von Chalkedons Ufer aus überbrückte? (290) Ein mächtiges Werk des Königs, dort, wo die Meerenge mit trennender Flut Europas und Asiens Zusammenschluss hindert! Hier tobt nicht wütend die See, hier nicht rasender

proelia caurorum; licet hic commercia linguae
iungere et alterno sermonem texere pulsu.
blanda salutiferas permiscent litora voces,
et voces et paene manus; resonantia utrimque
verba refert mediis concurrens fluctibus echo.
  Quis potis innumeros cultusque habitusque retexens
pandere tectonicas per singula praedia formas?
non hoc spernat opus Gortynius aliger, aedis
conditor Euboicae, casus quem fingere in auro
conantem Icarios patrii pepulere dolores;
non Philo Cecropius, non qui laudatus ab hoste
clara Syracosii traxit certamina belli.
forsan et insignes hominumque operumque labores
hic habuit decimo celebrata volumine Marci
hebdomas, hic clari viguere Menecratis artes
atque Ephesi spectata manus vel in arce Minervae
Ictinus, magico cui noctua perlita fuco
allicit omne genus volucres perimitque tuendo.
conditor hic forsan fuerit Ptolomaidos aulae
Dinochares, quadro cui in fastigia cono
surgit et ipsa suas consumit pyramis umbras,
iussus ob incesti qui quondam foedus amoris
Arsinoen Pharii suspendit in aere templi;
spirat enim tecti testudine corus achates
afflatamque trahit ferrato crine puellam.
hos ergo aut horum similes est credere dignum
Belgarum in terris scaenas posuisse domorum,
molitos celsas, fluvii decoramina, villas.
  Haec est natura sublimis in aggere saxi,
haec procurrentis fundata crepidine ripae,
haec refugit captumque sinu sibi vindicat amnem.

Kampf wilder Nordwestwinde; hier kann man sich über den Fluss hinweg unterhalten und rufend ein Wechselgespräch führen. Freundlich tauschen die Ufer Gruß und Segen, Rufe und beinah den Handschlag, und Echo lässt beiderseits hallende Worte inmitten der Wogen sich treffen.

Wer vermag es, die unendliche Fülle prächtiger Formen zu beschreiben und die Bauart bei jedem der Güter zu schildern? Solche Werke verschmähte selbst nicht der flügelführende Künstler von Gortyn, der den Tempel in Cumae erbaute, er, den Vaterschmerz abhielt, den Sturz des Icarus in Gold zu bilden. Auch nicht der Athener Philo könnte es und nicht der Mann, der – selbst vom Feinde belobt – den berühmten Kampf um das belagerte Syracus in die Länge zog. Vielleicht schufen hier auch die sieben Architekten, deren Ruhm der zehnte Band des Marcus verkündet, die wunderbaren Werke und mühevollen Arbeiten aus Künstlerhand, blühte hier die Kunst des berühmten Menecrates, wirkte die in Ephesus bewährte Hand oder Ictinus, erprobt bei Minervas Burg, dessen Eule, mit Zaubersäften bestrichen, alle Arten von Vögeln anlockt und schon durch ihren Blick tötet. Vielleicht weilte hier auch Dinochares, der den Palast des Ptolemaeus erbaute, auch eine Pyramide errichtete, die als quadratischer Kegel hoch aufsteigt und ihren Schatten selbst aufzehrt; er, der einst auf Befehl des Königs, um dessen sündhafte Liebe zu feiern, Arsinoes Bild im Pharischen Tempel in der Luft schweben ließ. Dort nämlich weht an gewölbter Decke ein Windgott aus magnetischem Achat und hält die angehauchte Geliebte am eisernen Haar in der Schwebe. Diese Meister oder Männer wie sie, so dürfen wir glauben, entwarfen und bauten im Belgerland jene Häuser und führten ragende Villen auf zur Zierde des Stromes.

Die eine steht hoch auf natürlichem Felsgrund, die andere ist auf einer in die Flut vorspringenden Landzunge gegründet, wieder eine andere steht weiter zurück, fängt den Fluss in einer Bucht ein und erklärt ihn zu ihrem Besitz. Eine

illa tenens collem, qui plurimus imminet amni,
usurpat faciles per culta, per aspera visus,
utque suis fruitur dives speculatio terris;
quin etiam riguis humili pede condita pratis
compensat celsi bona naturalia montis
sublimique minans irrumpit in aethera tecto,
ostentans altam, Pharos ut Memphitica, turrim.
huic proprium clausos consaepto gurgite pisces
apricas scopulorum inter captare novales;
haec summis innixa iugis labentia subter
flumina despectu iam caligante tuetur.
atria quid memorem viridantibus assita pratis
innumerisque super nitentia tecta columnis?
quid quae fluminea substructa crepidine fumant
balnea, ferventi cum Mulciber haustus operto
volvit anhelatas tectoria per cava flammas
inclusum glomerans aestu exspirante vaporem?
vidi ego defessos multo sudore lavacri
fastidisse lacus et frigora piscinarum
ut vivis fruerentur aquis, mox amne refotos
plaudenti gelidum flumen pepulisse natatu.
quod si Cumanis huc afforet hospes ab oris,
crederet Euboicas simulacra exilia Baias
his donasse locis: tantus cultusque nitorque
allicit et nullum parit oblectatio luxum.
  Sed mihi qui tandem finis tua glauca fluenta
dicere dignandumque mari memorare Mosellam,
innumeri quod te diversa per ostia late
incurrunt amnes? quamquam differre meatus
possent, sed celerant in te consumere nomen.
namque et Promeae Nemesaeque adiuta meatu
Sura tuas properat non degener ire sub undas,
Sura interceptis tibi gratificata fluentis,

weitere beherrscht einen Hang, der mächtig den Strom überragt, (325) und gewinnt freien Blick über Felder und unbebaute Flur, und bei reicher Aussicht genießt sie das Land, als sei es ihr eigen. Eine Villa ist sogar an niederem Standpunkt inmitten bewässerter Wiesen erbaut, doch ersetzt sie den Naturvorteil eines ragenden Berges, dringt drohend mit hohem Dach zum Äther empor (330) und prahlt mit hohem Turm wie der Pharus von Memphis. Ein anderes Anwesen hat den Vorteil, dass man den Strom zwischen besonnten, kahlen Felsen abriegelt und die eingesperrten Fische fängt. Ein weiteres Landhaus stützt sich auf den Gipfel eines Berges und sieht auf den gleitenden Strom in der Tiefe hinab, der schon im Dunst verschwimmt. (335) Was soll ich Hallen erwähnen, neben grünenden Wiesen errichtet, was Dächer, gestützt auf zahllose Säulen? Was noch die Bäder, die auf gemauertem Sockel am Flusse rauchen, wenn Mulciber dem glühenden Ofen entströmt, ausgeschnaubte Flammen durch hohle Stuckwände wirbelt (340) und beim Ausströmen der Hitze den eingeschlossenen Dampf ballt? Ich sah schon manche, die, erschöpft vom starken Schwitzen im Bade, die Becken und kalten Bassins verschmähten, um das fließende Wasser zu genießen, und dann, vom Strom neu belebt, den kalten Fluss mit plätscherndem Schwimmen vor sich hertrieben. (345) Käme ein Gast von Cumaes Gestaden hierher, so würde er meinen, das euböische Baiae habe dieser Gegend ein bescheidenes Abbild von sich geschenkt, solche Verfeinerung und solcher Glanz locken hier, wobei der Genuss nicht in Verschwendung entartet.

Wie aber könnte ich endlich aufhören, deine blauen Fluten zu loben (350) und dich zu preisen, Mosel, als ebenbürtig dem Meer, da weithin zahllose Flüsse von beiden Seiten dir zuströmen? Zwar könnten sie ihren Lauf verlängern, doch eilen sie, samt ihrem Namen in dir aufzugehen. Verstärkt nämlich von Prüm und Nims eilt (355) die Sauer, ein tüchtiger Fluss, sich deinen Wogen zu einen, die Sauer, die freudig dir die aufgenommenen Flüsse zum Geschenk macht; mit

nobilius permixta tuo sub nomine, quam si
ignoranda patri confunderet ostia ponto.
te rapidus Celbis, te marmore clarus Erubris
festinant famulis quam primum allambere lymphis:
nobilibus Celbis celebratus piscibus, ille
praecipiti torquens cerealia saxa rotatu
stridentesque trahens per levia marmora serras
audit perpetuos ripa ex utraque tumultus.
praetereo exilem Lesuram tenuemque Drahonum
nec fastiditos Salmonae usurpo fluores;
naviger undisona dudum me mole Saravus
tota veste vocat, longum qui distulit amnem,
fessa sub Augustis ut volveret ostia muris.
nec minor hoc, tacitum qui per sola pinguia labens
stringit frugiferas felix Alisontia ripas.
mille alii, prout quemque suus magis impetus urget,
esse tui cupiunt: tantus properantibus undis
ambitus aut mores. quod si tibi, dia Mosella,
Smyrna suum vatem vel Mantua clara dedisset,
cederet Iliacis Simois memoratus in oris
nec praeferre suos auderet Thybris honores.
da veniam, da, Roma potens; pulsa, oro, facessat
Invidia et Latiae Nemesis non cognita linguae:
imperii sedem Romae tenuere parentes.
  Salve, magne parens frugumque virumque, Mosella!
te clari proceres, te bello exercita pubes,
aemula te Latiae decorat facundia linguae;
quin etiam mores et laetum fronte serena
ingenium natura tuis concessit alumnis,
nec sola antiquos ostentat Roma Catones
aut unus tantum iusti spectator et aequi
pollet Aristides veteresque illustrat Athenas.
  Verum ego quid laxis nimium spatiatus habenis
victus amore tui praeconia detero? conde,

dir vermischt, unter deinem Namen, gewinnt sie höhere Ehre, als wenn sie sich ruhmlos in Vater Ozean ergösse. Die reißende Kyll und die durch Marmor berühmte Ruwer (360) eilen, dir möglichst rasch mit dienenden Fluten zu nahen. Die Kyll ist berühmt durch edle Fische, die Ruwer treibt Kornmühlen mit stürmischer Drehung, zieht auch kreischende Sägen durch glatte Marmorblöcke und hört so ständigen Lärm an jedem der Ufer. (365) Ich rede nicht von der schmächtigen Lieser, der seichten Dhron, will auch den reizlosen Lauf der Salm nicht erwähnen; längst nämlich ruft mich schon die schiffbare Saar mit rauschenden Wassern, winkt mit dem ganzen Gewand; sie zog ihren Lauf lang hin, um matt unter Mauern des Kaisers zu münden. (370) Nicht geringer als sie ist auch die gesegnete Elz, die still durch üppige Fluren gleitet und an fruchtbaren Ufern entlangstreift. Tausend andere noch wollen dir sich vereinen, ganz wie jeden sein Ungestüm treibt; so groß sind Ehrgeiz oder Ergebenheit eilender Wogen. Und hätten dir, göttliche Mosel, (375) Smyrna oder das ruhmreiche Mantua ihre Dichter geschenkt, dann träte vor dir der Simois, berühmt an Ilions Küsten, zurück, und selbst der Tiber wagte es nicht, seinen Ruhm über deinen zu stellen. Vergib mir, mächtiges Rom, vergib! Geschlagen, ich bitte, schleiche sich fort der Neid, geschlagen auch Nemesis, für die das Latein kein Wort kennt. (380) Die Zeit ist vorbei, dass die Ahnen den Sitz des Reiches in Rom hatten.

Heil dir, Mosel, mächtige Mutter von Früchten und Männern! Dein Schmuck sind ruhmreicher Adel, kampferprobte Jugend und Beredsamkeit, die mit Roms Sprachkunst wetteifert. Überdies hat die Natur deinen Söhnen gute Sitten und fröhlichen (385) Geist mit heiterer Stirne geschenkt. Nicht Rom allein kann sich seiner alten Catonen rühmen, nicht Aristides allein steht mächtig da als Beobachter von Recht und Billigkeit und verleiht dem alten Athen seinen Glanz.

Wie aber schweifte ich mit lockerem Zügel allzu weit ab und habe (390) aus Liebe zu dir deinem Loblied geschadet?

Musa, chelyn, pulsis extremo carmine netis.
tempus erit, cum me studiis ignobilis oti
mulcentem curas seniique aprica foventem
materiae commendet honos, cum facta viritim
Belgarum patriosque canam, decora inclita, mores.
mollia subtili nebunt mihi carmina filo
Pierides tenuique aptas subtemine telas
percurrent; dabitur nostris quoque purpura fusis.
quis mihi tum non dictus erit? memorabo quietos
agricolas legumque catos fandique potentes,
praesidium sublime reis; quos curia summos
municipum vidit proceres propriumque senatum,
quos praetextati celebris facundia ludi
contulit ad veteris praeconia Quintiliani,
quique suas rexere urbes purumque tribunal
sanguine et innocuas illustravere secures,
aut Italum populos aquilonigenasque Britannos
praefecturarum titulo tenuere secundo;
quique caput rerum Romam, populumque patresque,
tantum non primo rexit sub nomine, quamvis
par fuerit primis: festinat solvere tandem
errorem fortuna suum libataque supplens
praemia iam veri fastigia reddat honoris
nobilibus repetenda nepotibus. at modo coeptum
detexatur opus, dilata et laude virorum
dicamus laeto per rura virentia tractu
felicem fluvium Rhenique sacremus in undas.
  Caeruleos nunc, Rhene, sinus hyaloque virentem
pande peplum spatiumque novi metare fluenti
fraternis cumulandus aquis. nec praemia in undis
sola, sed Augustae veniens quod moenibus urbis
spectavit iunctos natique patrisque triumphos

Birg nun, Muse, die Leier, die Saiten erklangen zum Schluss meines Liedes. Doch kommt noch die Zeit, da ich meine Sorgen durch ruhmlos-friedliches Dichten sänftige und mich im Alter in der Sonne pflege; dann soll mein Stoff mir Ehre bringen, wenn ich jegliche Tat aller Belger und die Sitten der Heimat, ihr Ruhmesblatt, besingen werde. Dann werden mir die Pierischen Musen liebliche Lieder mit zartem Faden weben, werden mit feinem Einschlag den wohlgefügten Aufzug durchschießen; Purpur wird auch meiner Spindel zuteil. Wen werde ich dann nicht besingen? Ich will die friedlichen Bauern preisen, die gewiegten Rechtskenner und machtvollen Redner, erhabene Helfer Beklagter; sie sah das Rathaus als höchste Spitzen der Bürger und heimischen Senat. Dann die Männer, die der Ruhm ihrer Redekunst in den Schulen der Jugend zum Ruhm des alten Quintilianus erhob; jene auch, die ihre Provinzhauptstädte beherrschten und ruhmvoll ihr Tribunal rein von Blut und die Beile schuldlos erhielten; ich will auch jene besingen, die als Präfekten im zweiten Rang die Völker Italiens und die Britannier, Söhne des Nordens, beherrschten; ihn auch, der Rom, die Hauptstadt der Welt, das Volk und die Väter, nur nicht im ersten Rang, regierte, so sehr er auch den Ersten gleichkam. Doch eilt Fortuna, ihren Fehler endlich gutzumachen, mag den spärlich gekosteten Lohn ergänzen und ihm den verdienten wahren Gipfel der Ehre verleihen, ein Amt, das edle Enkel auch ihrerseits anstreben mögen. Doch erst sei das begonnene Werk zu Ende gewebt, und aufgeschoben sei der Lobpreis der Männer; singen will ich vom glücklichen Fluss, der fröhlichen Laufes grünende Fluren durchströmt, und ihn dann den Wogen des Rheines weihen.

Nun, Rhein, breite den blauen Bausch und das glasgrüne Gewand und miss das Bett für deine neuen Fluten aus: Der verbrüderte Strom mag dich mehren. Sein Wert liegt aber nicht nur in Wogen, sondern darin, dass er von den Mauern der Kaiserstadt herfließt und den Doppeltriumph von Vater und Sohn sehen durfte, da man den Feind jenseits

hostibus exactis Nicrum super et Lupodunum
et fontem Latiis ignotum annalibus Histri.
haec profligati venit modo laurea belli,
hinc alias aliasque feret. vos pergite iuncti
et mare purpureum gemino propellite tractu.
neu vereare minor, pulcherrime Rhene, videri;
invidiae nihil hospes habet. potiere perenni
nomine; tu fratrem famae securus adopta.
dives aquis, dives nymphis, largitor utrique,
alveus extendet geminis divortia ripis
communesque vias diversa per ostia fundet.
accedent vires, quas Francia quasque Chamaves
Germanique tremant; tunc verus habebere limes.
accedet tanto geminum tibi nomen ab amni,
cumque unus de fonte fluas, dicere bicornis.
  Haec ego, Vivisca ducens ab origine gentem,
Belgarum hospitiis non per nova foedera notus,
Ausonius, nomen Latium, patriaque domoque
Gallorum extremos inter celsamque Pyrenen,
temperat ingenuos qua laeta Aquitanica mores,
audax exigua fide concino. fas mihi sacrum
perstrinxisse amnem tenui libamine Musae.
nec laudem affecto, veniam peto: sunt tibi multi,
alme amnis, sacros qui sollicitare fluores
Aonidum totamque solent haurire Aganippen.
ast ego, quanta mei dederit se vena liquoris,
Burdigalam cum me in patriam nidumque senectae
Augustus pater et nati, mea maxima cura,
fascibus Ausoniis decoratum et honore curuli
mittent emeritae post munera disciplinae,
latius Arctoi praeconia persequar amnis.

des Neckars vertrieb, bei Ladenburg und an der Quelle der Donau, die Roms Jahrbücher nicht kennen. Eben erst kam die Botschaft vom Sieg, der den Krieg niederschlug; Sieg um Sieg wird von dort die Mosel noch melden. Fließt nun gemeinsam dahin und treibt das dunkle Meer mit doppeltem Strom weit hinaus. Und du, Rhein, schönster der Flüsse, fürchte nicht, geringer zu erscheinen! Missgunst kennt nicht der Gast. Du wirst deinen Namen für immer behalten; so nimm den Bruder, gewiss deines Ruhmes, auf wie ein Vater. Reich an Wassern und reich an Nymphen wird später dein Strom, beiden Armen Wasser spendend, die Ufer verdoppeln, sich breit in zwei Arme dehnen und die gemeinsame Flut in getrennter Mündung ergießen. So wirst du Kräfte gewinnen, vor denen Franken und Chamaver, Germanen, erzittern, und wirst dann wirklich als Grenzfluss gelten. Du wirst von so mächtigem Strom einen Doppelnamen erhalten, und magst du auch als einzelner Fluss der Quelle entströmen, wirst du doch zweihornig heißen.

Dies sang ich, der ich das Geschlecht vom Stamm der Biskayer herleite, doch auch den Belgern durch alter Freundschaft Bande bekannt bin, ich, Ausonius, dem Namen nach Römer, nach Heimat und Haus aber stammend vom Land zwischen Galliens Grenze und ragenden Pyrenäen, dort, wo Aquitanien fröhlich edle Sitten bewahrt; kühn ist mein Lied, mag meine Leier auch schwach sein. Nicht sei mir verargt, dass ich den heiligen Strom mit der bescheidenen Gabe meiner Muse nur leicht streifte! Ruhm ist es nicht, was ich will, ich erbitte Nachsicht. Hast du doch, gütiger Strom, Dichter in Fülle, die gewohnt sind, die heiligen Wasser der Musen in Wallung zu setzen und Aganippe in vollen Zügen zu trinken. Wenn mich aber der Kaiser, der Vater und die Söhne, denen meine tiefe Liebe gilt, nach Erfüllung meiner Aufgabe als Erzieher nach Bordeaux in die Heimat und mein Altersnest senden, geschmückt mit ausonischen Fascen und kurulischer Ehre, dann will ich, wenn mir die Ader der Dichtung noch fließt, das Lob des

addam urbes, tacito quas subterlaberis alveo,
moeniaque antiquis te prospectantia muris;
addam praesidiis dubiarum condita rerum
sed modo securis non castra, sed horrea Belgis;
addam felices ripa ex utraque colonos
teque inter medios hominumque boumque labores
stringentem ripas et pinguia culta secantem.
non tibi se Liger anteferet, non Axona praeceps,
Matrona non, Gallis Belgisque intersita finis,
Santonico refluus non ipse Carantonus aestu;
concedet gelido Durani de monte volutus
amnis et auriferum postponet Gallia Tarnen,
insanumque ruens per saxa rotantia late
in mare purpureum, dominae tamen ante Mosellae
nomine adorato, Tarbellicus ibit Aturrus.

Corniger externas celebrande Mosella per oras,
nec solis celebrande locis, ubi fonte superno
exseris auratum taurinae frontis honorem,
quaque trahis placidos sinuosa per arva meatus,
vel qua Germanis sub portibus ostia solvis;
si quis honos tenui volet aspirare camenae,
perdere si quis in his dignabitur otia musis,
ibis in ora hominum laetoque fovebere cantu.
te fontes vivique lacus, te caerula noscent
flumina, te veteres, pagorum gloria, luci;
te Druna, te sparsis incerta Druentia ripis
Alpinique colent fluvii duplicemque per urbem
qui meat et dextrae Rhodanus dat nomina ripae;
te stagnis ego caeruleis magnumque sonoris
amnibus, aequoreae te commendabo Garunnae.

Flusses im Norden in reicherer Fülle besingen. Dann will ich die Städte benennen, zu deren Füßen du still strömend vorbeiziehst, Orte, die mit alten Mauern auf dich herabsehen. Ich will auch die Festungen nennen, erbaut zum Schutz in unsicheren Zeiten; jetzt freilich sind sie sorgenfreien Belgern nicht Burgen, sondern nur Scheunen. Ich will auch die wohlhabenden Landleute auf beiden Ufern besingen, auch, wie du mitten unter arbeitenden Menschen und Rindern die Ufer streifst und üppige Fluren durchschneidest. Nicht kann sich die Loire über dich stellen, nicht die jähe Aisne, nicht die Marne, der Grenzfluss zwischen Galliern und Belgern, selbst nicht die Charente, die von der santonischen Flut zurückwogt. Weichen wird die Dordogne, die von eiskaltem Berge herabfließt, und Gallien wird den goldführenden Tarn dir hintanstellen, ja selbst der Tarbellerstrom Adour, der tosend weithin durch rollende Felsen herabstürzt, wird sich erst dann ins purpurne Meer ergießen, wenn er zuvor den Namen der Herrin Mosel verehrt hat.

Mosel, im Schmuck deiner Hörner, sei gepriesen an fernen Ufern und nicht nur dort gefeiert, wo du am hochgelegenen Quell die Stirn, geschmückt mit goldenen Hörnern, erhebst, und da, wo du still deinen Lauf durch gewundene Auen ziehst; gepriesen sei auch dort, wo du am Eingang zu germanischem Land mündest. Wenn nämlich mein bescheidenes Lied Ehre gewinnen sollte und jemand sich herbeilässt, seine Muße mit diesen Versen zu verbringen, wirst du, Mosel, in aller Mund sein und Gunst in freudigem Sange gewinnen. Von dir werden Quellen hören und Seen mit frischem Wasser, von dir blaue Flüsse und alte Haine, der Ruhm der Fluren. Dich wird die Drôme verehren, dich die Durance, die ungewissen Laufs ohne feste Ufer fließt; auch Alpenflüsse werden dir huldigen und die Rhône, die durch die Doppelstadt fließt und dem rechten Ufer [von Arles] ihren Namen verleiht; dich will ich blauen Seen empfehlen, dich mächtig rauschenden Strömen und auch ihr, die dem Meer gleich wallt, der Garonne.

Textanhang

Brief des Symmachus an Ausonius

(Epistula 1,14 Seeck)

Quintus Aurelius Symmachus (geb. um 340 n. Chr.) war ein bedeutender römischer Politiker und Redner, der im Staatsdienst eine große Karriere machte (Delegation nach Gallien, wo er Ausonius kennen lernte, 369; Prokonsul in Afrika 373; Stadtpräfekt von Rom 384/385; Konsul 391). Seine Reden waren berühmt; acht sind erhalten, besonders Lob- und Dankreden an die Kaiser Valentinianus und Gratianus. Ebenso bedeutend war Symmachus als Briefschreiber nach

Symmachus Ausonio

Petis a me litteras longiores: est hoc in nos veri amoris indicium. sed ego, qui sim paupertini ingenii mei conscius, Laconicae malo studere brevitati, quam multiiugis paginis infantiae meae maciem publicare. nec mirum, si eloquii nostri vena tenuata est, quam dudum neque ullius poematis tui neque pedestrium voluminum lectione iuvisti. unde igitur sermonis mei largam poscis usuram, qui nihil litterati faenoris credidisti? volitat tuus Mosella per manus sinusque multorum divinis a te versibus consecratus: sed tantum nostra ora praelabitur. cur me istius libelli, quaeso, exortem esse voluisti? aut ἀμουσότερος tibi videbar, qui iudicare non possem, aut certe malignus, qui laudare nescirem. itaque vel ingenio meo plurimum vel moribus derogasti. et tamen contra interdictum tuum vix ad illius operis ar-

*dem Vorbild des jüngeren Plinius; Adressat von Symmachus zu sein, bedeutete eine hohe Ehre, und Ausonius war sicher stolz darauf, Briefe von Symmachus zu erhalten. Besondere Wichtigkeit besitzen die Amtsberichte (*relationes*) des Symmachus an die Kaiser, besonders der dritte (49 sind erhalten), der die Wiedererrichtung des Altares der Victoria in der Senatskurie beantragte und eine heftige Reaktion des Bischofs Ambrosius von Mailand hervorrief.*

Symmachus grüßt seinen Ausonius

Du verlangst einen längeren Brief, und dies ist ein Zeichen echter Liebe zu mir; weil ich aber nur zu gut weiß, wie armselig mein Talent ist, will ich mich lieber lakonischer Kürze befleißigen als in einem Stoß von Blättern mein mageres Gestammel vorzubringen. Auch ist es kein Wunder, dass meine dichterische Ader schwach geworden ist, die du so lange weder durch Lektüre eines Gedichtes von dir noch eines Prosabuches genährt hast. Wie also forderst du fette Briefzinsen von mir, wo du überhaupt kein schriftstellerisches Darlehen gewährt hast? Deine *Mosella*, von dir in himmlischen Versen verherrlicht, geht durch viele Leserhände und in viele Taschen, nur mir ist sie am Schnabel vorbeigeflossen. Weshalb, ich bitte dich, sollte denn ich das Büchlein nicht bekommen? War ich dir zu ungebildet, um ein Urteil darüber zu haben, oder wohl gar zu neidisch, um es loben zu können? Du hast also entweder meinem Talent oder meinem Charakter höchlich misstraut. Ich aber kam trotz deiner Verweigerung – wenn auch mit Mühe – an das

cana perveni. velim tacere, quid sentiam; velim iusto de te silentio vindicari; sed admiratio scriptorum sensum frangit iniuriae.

Novi ego istum fluvium, cum aeternorum principum iam pridem signa comitarer, parem multis, imparem maximis. hunc tu mihi inproviso clarorum versuum dignitate Aegyptio Nilo maiorem, frigidiorem Scythico Tanai clarioremque hoc nostro populari Tiberi reddidisti. nequaquam tibi crederem de Mosellae ortu ac meatu magna narranti, ni scirem, quod nec in poemate mentiaris. unde illa amnicorum piscium examina repperisti quam nominibus varia, tam coloribus, ut magnitudine distanti, sic sapore, quae tu pigmentis istius carminis supra naturae dona fucasti? atquin in tuis mensis saepe versatus cum pleraque alia, quae tunc in pretio erant, esui obiecta mirarer, numquam hoc genus piscium deprehendi. quando tibi hi pisces in libro nati sunt, qui in ferculis non fuerunt? iocari me putas atque agere nugas? ita deus me probabilem praestet, ut ego hoc tuum carmen libris Maronis adiungo.

Sed iam desinam mei oblitus doloris inhaerere laudibus tuis, ne hoc quoque ad gloriam tuam trahas, quod te miramur offensi. spargas licet volumina tua et me semper excipias: fruemur tamen tuo opere, sed aliorum benignitate. vale.

versteckte Werk. Gern verschwiege ich, was ich davon halte, und rächte mich durch gerechtes Schweigen an dir, doch überwältigt die Bewunderung deiner Darstellung das Gefühl meiner Kränkung.

Ich lernte den Fluss kennen, als ich – lang ist's her – den Fahnen unserer unsterblichen Herrscher folgte, einen Fluss, der vielen gleich war, den größten freilich ungleich. Nun aber ist er mir durch den Glanz deiner herrlichen Verse unversehens mächtiger als der ägyptische Nil geworden, kühler als der skythische Don und ruhmreicher als der Tiber, unser Heimatstrom. Ich glaubte dir gar nicht, was du von der Mosel Ursprung und Lauf Großes erzählst, wüsste ich nicht, dass du selbst im Gedicht bei der Wahrheit bleibst. Aber wo hast du diese Schwärme von Flussfischen her, so verschieden an Namen, an Farben, so mannigfach an Größe und Geschmack, die du mit den Farben deiner Dichtung über ihre natürlichen Gaben schön geschildert hast? Ich habe ja oft an deiner Tafel viele andere kostbare Speisen aufgetragen gesehen und bewundert, niemals aber jene Vielfalt von Fischen entdeckt. Wann sind sie dir denn im Buche zugeschwommen, da du sie nicht auf dem Tisch hattest? Meinst du, ich neckte und triebe Possen? Nein, so wahr mir die Gottheit meine Glaubwürdigkeit erhalten möge, ich stelle dein Gedicht Vergils Werken zur Seite.

Doch will ich endlich aufhören, dich trotz meines Unmutes immer weiter zu loben, damit du nicht zu deinem Ruhm noch hinzurechnest, dass ich, obschon gekränkt, dir Bewunderung zolle. Verschenke nur immer deine Bücher und lass mich stets leer ausgehen; ich werde dennoch Freude an deiner Dichtung haben, und sei es nur durch fremde Gefälligkeit. Lebe wohl!

Die Moselgedichte des Venantius Fortunatus

Venantius Honorius Clementianus Fortunatus war um 536 n. Chr. in Oberitalien geboren und erhielt seine rhetorische Ausbildung in Ravenna. Die Heilung eines Augenübels veranlasste ihn zu einer Wallfahrt ans Grab des heiligen Martin in Tours. Dort schloss er mit dem Bischof Gregor Freundschaft. Später nahm er seinen Aufenthalt in Poitiers, wurde dort zum Priester geweiht und gegen Ende des Jahrhunderts Bischof von Poitiers. Er starb zwischen 600 und 610.

De castello Nicetii super Mosella

(3,12)

Mons in praecipiti suspensa mole tumescit,
  Et levat excelsum saxea ripa caput;
Rupibus expositis intonsa cacumina tollit
  Tutus et elato vertice regnat apex.
Proficiunt colli quae vallibus arva recedunt,
  Undique terra minor vergit et iste subit;
Quem Mosella tumens, Rhodanus quoque parvulus ambit,
  Certanturque suo pascere pisce locum.
Diripiunt dulces alibi vaga flumina fruges,
  Haec tibi parturiunt, Mediolane, dapes:
Quantum crescit aquis, pisces vicinius offert;
  Exhibet hinc epulas, unde rapina venit.
Cernit frugiferos congaudens incola sulcos
  Vota ferens segeti fertilitate gravi.

Venantius war ein begabter Dichter, dessen Gedichte 11 Bücher umfassen; heute noch bekannt sind die großen Hymnen Vexilla regis prodeunt *und* Pange lingua. *Auch verfasste er eine Lebensbeschreibung des heiligen Martin von Tours. Man hat ihn auch den letzten römischen Dichter genannt.*

Das erste hier wiedergegebene Gedicht ist eine Beschreibung der Burg des Bischofs Nicetius von Trier (etwa 530–566); es ist aber nicht gelungen, den Standort dieser Burg zu bestimmen.

Die Burg des Nicetius über der Mosel

(3,12)

Ein Berg schwillt auf, mit steiler Felswand ragend, und felsig reckt das Ufer sein Haupt empor. Über offenen Klippen erhebt der Gipfel sein bewaldetes Haupt, herrscht sicher mit erhobenem Scheitel. (5) Der Hügel erscheint höher, weil die Saatfelder ins Tal zurückweichen; überall senkt sich die Erde nach unten, während jener ansteigt. Ihn umfließt die schwellende Mosel, aber auch der kleine Ron, und beide wetteifern, die Gegend mit ihren Fischen zu nähren. Anderswo treten Flüsse über die Ufer und vernichten die liebliche Feldfrucht, während (10) diese dir, Mediolanum, Nahrung hervorbringen, denn je höher in einem der Flüsse das Wasser ansteigt, desto näher bringt er dir Fische herbei und schenkt dir Speise durch Fluten, die sonst Verarmung bewirken. Der Anwohner sieht voller Freude die fruchttragenden Furchen und tut Gelübde für die fruchtschwere Saat. (15) Die Bauern weiden die Augen an künftiger Ernte

Agricolae pascunt oculos de messe futura;
Ante metit visu, quam ferat annus opem.
Ridet amoenus ager tectus viridantibus herbis,
Oblectant animos mollia prata vagos.
Hoc vir apostolicus Nicetius ergo peragrans
Condidit optatum pastor ovile gregi;
Turribus incinxit ter denis undique collem;
Praebuit hic fabricam, quo nemus ante fuit.
Vertice de summo demittunt brachia murum,
Dum Mosella suis terminus extet aquis.
Aula tamen nituit constructa cacumine rupis,
Et monti imposito mons erit ipsa domus.
Complacuit latum muro concludere campum,
Et prope castellum haec casa sola facit.
Ardua marmoreis suspenditur aula columnis,
Qua super aestivas cernit in amne rates;
Ordinibus ternis extensaque machina crevit,
Ut postquam ascendas, iugera tecta putes.
Turris ab adverso quae constitit obvia clivo;
Sanctorum locus est, arma tenenda viris.
Illic est etiam gemino ballista volatu,
Quae post se mortem linquit et ipsa fugit.
Ducitur irriguis sinuosa canalibus unda,
Ex qua fert populo hic mola rapta cibum.
Blandifluas stupidis induxit collibus uvas,
Vinea culta viret, quo fuit ante frutex.
Insita pomorum passim plantaria surgunt
Et pascunt vario floris odore locum.
Haec tibi proficiunt, quicquid laudamus in illis,
Qui bona tot tribuis, pastor opime gregis.

und mähen schon mit dem Auge, bevor die Jahreszeit ihnen reiche Ernte schenkt. Es lacht die liebliche Flur, bedeckt mit grünenden Gräsern, und weiche Wiesen ergötzen schweifende Augen. Nicetius, der apostolische Mann, gründete auf seiner Reise als Hirte für seine Herde den erwünschten Pferch. Er umzog den Hügel ringsum mit dreimal zehn Türmen und erbaute ein Haus, wo zuvor ein Wald stand. Oben vom Gipfel senden die Mauern ihre Arme herab, bis die Mosel mit ihren Wassern sie begrenzt. Doch erglänzt das Schloss, auf dem Gipfel des Felsens errichtet, und, gebaut auf dem Berg, steigt selbst wie ein Berg der Palast. Man beschloss, das weite Feld mit einer Mauer zu umschließen, und so bildet dieses einzelne Haus schon fast eine Burg. Ragend strebt der Palast empor auf marmornen Säulen, wo man von oben im Sommer Kähne im Flusse erkennt. Der Bau wuchs, sich breitend, in drei Stockwerken empor, so dass man, wenn man hinaufsteigt, glaubt, ganze Joche seien überdacht. Der Turm, der gegenüber auf einem Hügel ragt, ist der Ort der Heiligenreliquien und birgt auch Waffen für Männer. Dort steht auch ein Geschütz mit zwei Läufen; das Geschoss lässt Tote hinter sich, fliegt aber selbst noch weiter. Die schweifende Woge wird auch in wasserführende Kanäle gelenkt, treibt dort reißend die Mühle um und schenkt den Menschen Speise. Nicetius führte auch lieblich sich breitende Reben ein auf staunende Hügel; grün steht der gepflegte Weinberg, wo zuvor nur Gesträuch wucherte. Überall erheben sich Pflanzungen mit veredeltem Obst und sättigen die Gegend mit dem Duft verschiedener Blüten. All dies, was wir an ihnen loben, mehrt deinen Ruhm, o reicher Hirte der Herde und Spender so vieler Gaben.

Ad Vilicum episcopum Mettensem

(3,13)

Gurgite caeruleo pelagus Mosella relaxat,
Et movet ingentes molliter amnis aquas;
Lambit odoriferas vernanti gramine ripas
Et lavat herbarum leniter unda comas.
Hinc dextra de parte fluit qui Salia fertur,
Flumine sed fluctus pauperiore trahit;
Hic ubi perspicuis Mosellam cursibus intrat,
Alterius vires implet et ipse perit.
Hoc Mettis fundata loco speciosa coruscans
Piscibus obsessum gaudet utrumque latus.
Deliciosus ager ridet vernantibus arvis;
Hinc sata culta vides, cernis at inde rosas.
Prospicis umbroso vestitos palmite colles,
Certatur varia fertilitate locus.
Urbs munita nimis, quam cingit murus et amnis,
Pontificis merito stas valitura magis:
Vilicus, aetheriis qui sic bene militat armis,
Stratus humi genibus te levat ille suis.

De navigio suo

(10,9)

Regibus occurens, ubi Mettica moenia pollent,
Visus et a dominis ipse retentor equo.
Mosellam hinc iubeor percurrere navita remo,
Accelerans tremulis pergere lapsus aquis;

Auf Bischof Vilicus von Metz (gest. 566)

(3,13)

Mit blauem Strudel erweitert die Mosel ihr Bett, und sanft wälzt der Strom seine mächtigen Fluten, leckt die von Frühlingsgräsern duftenden Ufer, und sacht wäscht die Woge die Haare des Grases. Hier fließt rechts der Salia [heute Seille] genannte Fluss herein, doch zieht dieser seine Fluten spärlich strömend dahin. Mündet er aber in die durchsichtigen Fluten der Mosel, mehrt er die Wogen des anderen Flusses, doch selber vergeht er. An dieser Stelle ist die schöne Stadt Metz gegründet und freut sich, dass beide blinkenden Seiten von Fischen bewohnt sind. Auf Frühlingsfluren lacht üppig das Feld, und hier siehst du gepflegte Saaten, dort aber Hage von Rosen. Man sieht auch Hügel, bekleidet mit Schatten spendenden Reben, und ein Ort wetteifert mit dem anderen an Früchten. Die Stadt, umschlossen von Mauer und Fluss, ist allzu befestigt, denn sicherer steht sie und fester durch ihres Bischofs Verdienste. Vilicus, trefflicher Streiter mit himmlischen Waffen, kniet zwar am Boden, doch hebt er die Stadt als kniender Beter.

Im dritten Moselgedicht beschreibt Venantius Fortunatus eine Mosel- und Rheinfahrt von Metz nach Andernach, die er wohl im Gefolge des Königs Childebert (575–596) und seiner Mutter Brunhilde mitgemacht hatte.

Über seine Schifffahrt

(10,9)

Dort, wo die Mauern von Metz sich machtvoll erheben, begegnete ich zu Pferd den Königen, wurde von den Herrschern gesehen und zurückgehalten. Dann erhielt ich Befehl, als Schiffer die Mosel mit dem Ruderschiff zu befahren

Ascendensque ratem gracili trabe nauta cucurrit,
Nec compulsa notis prora volabat aquis.
Interea locus est per saxa latentia ripis:
Litore constricto plus levat unda caput;
Huc proram implicitam rapuit celer impetus actam,
Nam propre iam tumidas ventre bibebat aquas.
Ereptum libuit patulos me cernere campos,
Et fugiens pelagus ruris amoena peto.
Gurgite suscipior subter quoque fluminis Ornae,
Quo duplicata fluens unda secundat iter.
Inde per exclusas cauta rate pergimus undas,
Ne veluti piscem me quoque nassa levet.
Inter villarum fumantia culmina ripis
Pervenio, qua se volvere Sura valet.
Inde per extantes colles et concava vallis
Ad Saram pronis labimur amnis aquis.
Perducor Treverum qua moenia celsa patescunt,
Urbs quoque nobilium nobilis aeque caput.
Ducimur hinc fluvio per culmina prisca senatus,
Quo patet indiciis ipsa ruina potens.
Undique prospicimus minitantes vertice montes,
Nubila quo penetrans surgit acuta silex,
Qua celsos scopulos praerupta cacumina tendunt,
Hispidus et tumulis crescit ad astra lapis.
Nec vacat huc rigidis sine fructibus esse lapillis:
Denique parturiunt saxaque vina fluunt.
Palmite vestitos hic respicis undique colles,
Et vaga pampineas ventilat aura comas;
Cautibus insertae densantur in ordine vites,
Atque supercilium regula picta petit;

und rasch auf sich kräuselnden Wogen flussabwärts zu fahren. (5) Als Schiffer bestieg ich das Schiff mit schlankem Kiel, fuhr los, und der Bug flog dahin mit der Strömung auch ohne den Antrieb des Südwinds. Indes kommt ein Ort, wo Klippen am Ufer verborgen liegen, und weil sich die Ufer verengen, erhebt die Woge höher ihr Haupt. Dorthin riss die rasche Strömung das schlingernd treibende Schiff, (10) das fast schon die geschwollenen Wasser mit seinem Bauch aufnahm. Doch ich entkam und sah freudig die breit sich dehnenden Felder, entfloh den mächtigen Wassern und strebte zu lieblichen Fluren. Weiter abwärts werde ich auch von den Wirbeln der Orne empfangen, von der verdoppelt die Woge die Fahrt auf dem Flusse begünstigt. (15) Von dort fahren wir mit unserem Schiff achtsam durch die sich teilenden Wogen, damit man nicht auch mich mit dem Netz wie einen Fisch herausholen muss. Ich fahre zwischen den rauchenden Giebeln der Villen an den Ufern durch und komme dorthin, wo sich die Sauer mächtig dahinwälzt. Weiter gleiten wir zwischen ragenden Hügeln und tiefen Tälern (20) auf den abwärts fließenden Wogen des Stromes zur Saar. Dann trägt es mich dorthin, wo die hohen Mauern der Trevererstadt breit daliegen; auch überragt die herrliche Stadt mit Recht alle herrlichen Städte. Nun führt uns der Fluss vorbei am alten Haus des Senates, dort, wo sich selbst im Verfall die Macht noch bezeugt. (25) Überall sehen wir vor uns Berge mit drohendem Gipfel, wo der scharfe Fels aufsteigt und die Wolken durchdringt, wo ragende Höhen die steilen Klippen erheben und wo auf den Hügeln rauher Stein zu den Sternen emporsteigt. Doch dürfen hier selbst starrende Steine nicht ohne Früchte bleiben, (30) sogar die Felsen sind fruchtbar und fließen von Wein. Überall siehst du hier die Hügel mit Reben bekleidet, und ein schweifender Windhauch durchfächelt das Weinlaub. Die Reben, gepflanzt zwischen Steine, stehen dicht in geordneter Reihe und streben in geraden Zeilen zum Gipfel.

Culta nitent inter horrentia saxa colonis,
  In pallore petrae vitis amoena rubet,
Aspera mellitos pariunt ubi saxa racemos,
  Et cote in sterili fertilis uva placet,
Quo vineta iugo calvo sub monte comantur,
  Et tegit umbrosus sicca metalla viror;
Inde coloratas decerpit vinitor uvas,
  Rupibus appensis pendet et ipse legens.
Delicias oculis habui dapibusque cibatus,
  Haec iucunda tenens, navita regna sequens.
Hinc quoque ducor aquis, qua se rate Contrua complet,
  Quo fuit antiquum nobilitate caput.
Tum venio, qua se duo flumina conflua iungunt,
  Hinc Rhenus spumans, inde Mosella ferax.
Omne per illud iter servibant piscibus undae
  Regibus, et dominis copia fervet aquis.
Ne tamen ulla mihi dulcedo deesset eunti,
  Pascebar Musis aure bibente melos:
Vocibus excussis pulsabant organa montes,
  Reddebantque suos pendula saxa tropos.
Laxabat placidos mox aerea tela susurros,
  Respondit cannis rursus ab alpe frutex;
Nunc tremulo fremitu, modo plano musica cantu
  Talis rupe sonat, qualis ab aere meat.
Carmina divisas iungunt dulcedine ripas,
  Collibus et fluviis vox erat una tropis.
Quo recreet populum, hoc exquirit gratia regum,
  Invenit et semper, quo sua cura iuvet.
Antonnacensis castelli promptus ad arces
  Inde prope accedens sarcina pergo ratis.
Sint licet hic spatiis vineta in collibus amplis,
  Altera pars plani fertilis extat agri.
Plus tamen illa loci speciosi copia pollet,
  Alter quod populis fructus habetur aquis.

(35) Weingärten glänzen den Winzern zwischen starrenden Felsen, und rötlich leuchtet die liebliche Rebe auf bleichem Gestein, dort, wo rauhe Felsen honigsüße Trauben tragen und auf fruchtlosem Stein gefällig und fruchtbar der Wein wächst, wo die Weingärten üppig belaubt unter dem kahlen Berggipfel stehen (40) und wo schattiges Grün trockene Steine bedeckt. Dort erntet der Winzer sich färbende Trauben und hängt bei der Lese selbst am hängenden Felsen. Dies war mein Augenschmaus bei nährendem Schmause; so gut erging es mir, als ich zu Schiff den Königen folgte.

(45) Von hier führen mich die Wogen auch dorthin, wo viele Schiffe bei Gondorf liegen und wo eine altehrwürdige Burg sich erhob. Dann komme ich dorthin, wo sich beide Flüsse zusammenfließend vereinen, hier der schäumende Rhein und dort die fruchtbare Mosel. Die ganze Reise hindurch (50) bedienten die Wogen die Könige mit Fischen, und für die Herrscher wimmelte der Schwarm in den Wassern. Damit mir aber auf der Reise auch nicht eine Lust fehle, sättigte ich mich an der Musenkunst, und der Klang war Trank für mein Ohr. Die Instrumente warfen ihre Töne gegen die Berge, und der ragende Fels gab ihre Weisen zurück. (55) Bald fielen die ehernen Saiten der Leier mit sanften Akkorden ein, dem Ton der Rohrflöte antwortete das Gesträuch am Ufer. Nun tönt in zitterndem Klang die Musik, nun in klarer Melodie ganz so vom Fels zurück wie sie von der Saite herandringt. Lieder verbinden in süßem Sang die geschiedenen Ufer, (60) und Hänge und Wogen hatten nur eine Stimme im Lied.

Der Könige Gnade sucht immer mit Eifer, womit sie das Volk zu erquicken vermag, und findet auch stets, womit ihre Sorge Freude bereitet. Nun nähere ich mich als Gast des Schiffes rasch der Burg von Andernach. (65) Auf der einen Seite sind hier ausgedehnte Weingärten an Hügeln, während drüben sich flache, fruchtbare Felder erstrecken. Doch schenkt dieser schöne Platz noch höhern Ertrag, weil die Wogen dem Volk eine zweite Ernte bescheren. Während

Denique dum praesunt reges in sedibus aulae
Ac mensae officio prandia festa colunt,
Retibus inspicitur quo salmo fasce levatur,
Et numerat pisces, cum sit in arce sedens;
Rex favet in mensa, resilit dum piscis ab unda,
Atque animos reficit, quod sua praeda venit.
Illuc fausta videns, huc laeta palatia reddens
Pascens ante oculos post fovet ipse cibis.
Praesentatur item mensae Rheni advena civis,
Turbaque quo residens gratificatur edens.
Ista diu dominus dominis spectacula praestet,
Et populis dulces detis habere dies:
Vultibus ex placidis tribuatis gaudia cunctis,
Vester et ex vestris laetificetur apex.

dann schließlich die Könige im Palast thronen (70) und an der Hoftafel ein festliches Frühstück einnehmen, wird an den Netzen nachgesehen, ein wie schwerer Salm gehoben wird, und der König zählt die Fische, während er auf der Burg sitzt. Er freut sich bei Tisch, wenn der Fisch aus der Woge springt, und erheitert sein Herz, weil seine Beute herbeikommt. (75) Dort sieht er glücklichen Fang, hier erfüllt er den Hof mit Freude, macht sich zuerst einen Augenschmaus und schmaust dann selber die Speise. Ebenso wird der Tafel der fremde Gast und Bürger des Rheines geboten, an dem sich die sitzende Hofschar speisend erfreut.

Solches Schauspiel möge der Herr den Herren lange gewähren, (80) und ihr Herren mögt den Völkern lang schöne Tage gewähren. Mit gnädiger Miene mögt ihr allen Freude spenden, und euer Königsglanz soll sich durch eure Völker erhöhen.

Editorische Notiz

Dem lateinischen Text der *Mosella* liegen die wesentlichen, S. 107 genannten Ausgaben zugrunde; vor allem wurde auch die letzte kritische Ausgabe von R. P. H. Green berücksichtigt: *The Works of Ausonius*, edited with Introduction and Commentary by R. P. H. G., Oxford: Oxford Clarendon Press, 1991.

Der Symmachus-Brief folgt der Ausgabe: *Q. Aurelii Symmachi quae supersunt*, hrsg. von O. Seeck, München: Monumenta Germaniae Historica, 1984 (unveränd. Nachdr. der Ausg. Berlin: Weidmann, 1883).

Die Gedichte des Venantius Fortunatus sind entnommen aus: *Venanti Honori Clementiani Fortunati presbyteri Italici Opera poetica*, hrsg. von F. Leo, München: Monumenta Germaniae Historica, 1981 (unveränd. Nachdr. der Ausg. Berlin: Weidmann, 1881).

Anmerkungen

Einleitung: Reise des Ausonius von Bingen nach Neumagen (1–22)

1 Ausonius kehrt wohl vom Feldzug Valentinians I. mit seinem Sohn Gratianus gegen die Alemannen zurück. Die Nahe, linker Nebenfluss des Rheins, liegt beim Aufbruch noch im Morgennebel. Bingen lag auch damals an der Mündung der Nahe in den Rhein; möglich, dass auch auf dem anderen Ufer ein Kastell war. Ausonius überquert die Nahe über die heute noch so genannte Drususbrücke. Natürlich reist er nicht allein, was er aber nicht ausführt. Ob die Reise länger dauerte als einen Tag, ist schwer zu sagen.

2 Der spätere Kaiser Iulianus hatte 359 das von den Germanen zerstörte Bingen neu befestigt; Valentinianus I., der eine Kette von Rheinfestungen schuf, hatte die Anlage 369 verstärkt, worauf Ausonius anspielt.

3 Im Jahre 71 besiegte Sextilius Felix im Bataverkrieg dort die Aufständischen unter Tutor (»Cannae der Gallier«); vgl. Tacitus, *Annalen* 3,41 ff.

4 Ausonius malt das Schlachtfeld (nach 300 Jahren!) übertreibend, wohl nach Vergil, *Aeneis* 6,325: *inops inhumataque turba.* – Die Totenscharen sind *infletae*, unbeweint, ohne letzte Ehre der Bestattung.

5 Die (in der Peutingerschen Karte verzeichnete und heute noch erkennbare) Römerstraße führt von der Nahe durch die Wälder des

---

Reiseweg des Ausonius
von Bingen nach Neumagen

Aus: Ch.-M. Ternes: Römisches Deutschland.
Stuttgart 1986. S. 149

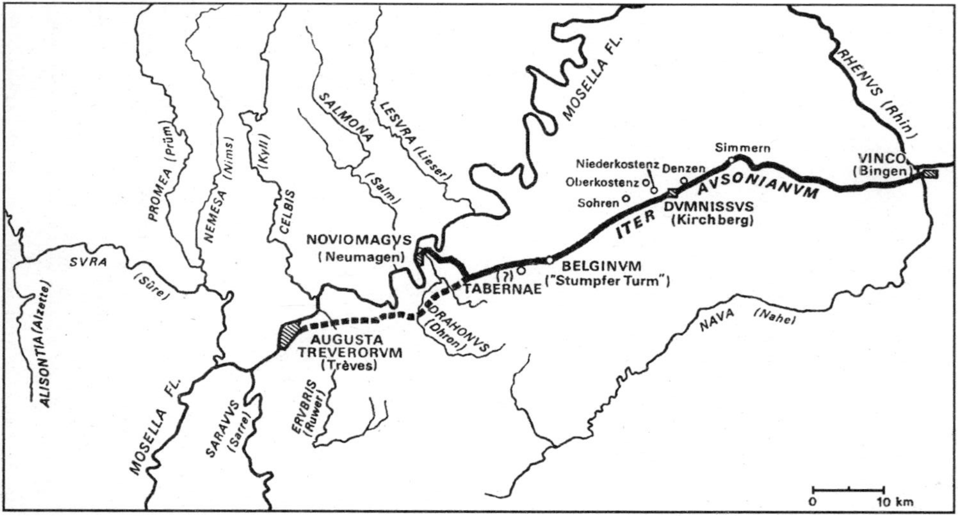
RHENVS (Rhin)
MOSELLA FL.
VINCO
(Bingen)
Simmern
Niederkostenz
Denzen
Oberkostenz
Sohren
AVSONIANVM
ITER
DVMNISSVS
(Kirchberg)
SALMONA
LESVRA (Lieser)
(Salm)
PROMEA (Prüm)
NEMESA (Nims)
(Kyll)
CELBIS
NOVIOMAGVS
(Neumagen)
BELGINVM
("Stumpfer Turm")
(?)
TABERNAE
SVRA
(Sûre)
ALISONTIA (Alzette)
DRAHONVS
(Dhron)
NAVA
(Nahe)
AUGUSTA
TREVERORVM
(Trèves)
MOSELLA FL.
SARAVVS
(Sarre)
ERVBRIS
(Ruwer)
0
10 km

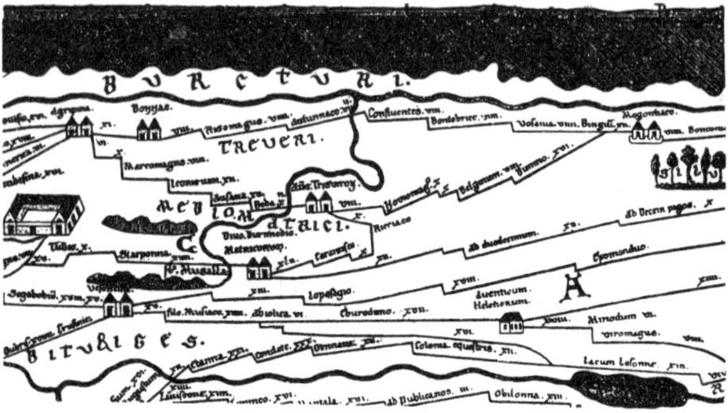

Ausschnitt aus der Tabula Peutingeriana

Hunsrück nach Neumagen an der Mosel. Die Angaben der Peutingerschen Karte lauten: Mogontiaco, Bingium XIII; Dumno XVI; Belginum VIII; Noviomago X; Augusta Trevirorum VIII; die römischen Zahlen sind Meilenangaben.

6 Die Gegend war damals wie heute nur dünn besiedelt.

8 Dumnissus ist wohl das heutige Kirchberg; ein benachbarter Ort heißt heute noch Denzen. Tabernae ist häufiger Name für kleinere, günstig am Weg liegende Flecken (vgl. Zabern); hier ist der Turm bei Hinzerath oder der Rastort Belginum gemeint.

9 Die Sarmaten, erst ein Nomadenvolk zwischen Don und Kaspischem Meer, später gefährliche Nachbarn der Römer, wurden nach Niederlagen als Halbfreie (Colonen; steuer- und kriegsdienstpflichtig) in römischen Provinzen angesiedelt. Vielleicht geht hier der Ortsname Sohren auf sie zurück; sie wurden wohl vor 370 nach einer Niederlage von Valentinianus dorthin verpflanzt. Ausonius verwendet den älteren (griechischen) Namen Sauromatae.

10 f. Der Dichter überschreitet die Grenze zwischen Germania Superior und Gallia Belgica Prima (mit der Hauptstadt Trier) und gelangt nach Neumagen (Noviomagus der Peutingerschen

Karte; seit Beginn des 3. Jahrhunderts zur Festung – 11 *castra* – ausgebaut). Hier fühlt sich Ausonius wieder in Kulturland; die Mosel wird zum Symbol dafür; sie war auch, weil schiffbar, von großer wirtschaftlicher Bedeutung. Wenn Ausonius an einem Tag reiste, legte er in etwa 15 Stunden 98 Kilometer zurück. – Kaiser Constantin (306–337) heißt vielfach *divus* auf Münzen (Konsekration); er besetzte Neumagen wohl (zwischen 306 und 312) im Krieg gegen die Franken und Alemannen.

12 Phöbus (Apollo) ist der Sonnengott oder die Sonne selbst.

12 ff. Vgl. Schiller im *Spaziergang*: »Nur verstohlen durchdringt der Zweige laubiges Gitter / Sparsames Licht, und es blickt lachend das Blaue herein. / Aber plötzlich zerreißt der Flor. Der geöffnete Wald gibt / Überraschend des Tags blendendem Glanz mich zurück.«

13 *reserare* deutet auf ein Enthüllen von (fast) Heiligem hin. – *purpureum*: gern benutzt, um Glanz des (hier Olympus genannten) Himmels zu bezeichnen; vgl. das Vorbild Vergil, *Aeneis* 6,640: *largior hic campos aether et lumine vestit purpureo.* »Wirklich sollte man sich, wenn man aus der rauhen Waldgegend tritt und auf einmal die Aussicht auf die reizenden Gefilde des herrlichen Moseltales hat, in die elysischen Fluren versetzt glauben« (Tross z. St.). Diesen Eindruck sucht Ausonius auch mit Anklängen an die Beschreibung des Elysiums bei Vergil, *Aeneis* 6,640 f. hervorzurufen. – Vers 12 f. sind nachgeahmt von Walahfrid Strabo in *De cultura hortorum* 4,26: *purior aura diem cum iam reserare serenum* [...].

15 Vgl. Vergil, *Aeneis* 11,187: *altum caligine caelum.*

18 ff. Der schöne Anblick erinnert Ausonius an die Garonne seiner Heimat (zur Mosel hinführend); vgl. 483 (rahmend und von der Mosel wegführend). Die Mosel vertritt den römisch-gallischen Kulturkreis. – *cum* ist freieres cum inversum.

20 ff. gibt eine Art von Inhaltsangabe des Folgenden.

21 Weinbau gab es an der Mosel mindestens seit dem 2. Jh. n. Chr.

1. Teil:
Die Natur der Mosel (23–149)

Preis der Mosel (23–54)

23 Vgl. die ähnliche Einleitung des Preises 381 und den Schluss des Lobes Italiens bei Vergil, *Georgica* 2,173 f. »Dem Wortlaut nach vergleicht er [Ausonius] die Mosel mit der Garonne, durch die Anklänge an Vergil [...] das Moseltal mit Italien« (Görler, S. 161).

24 Die Bedeutung des Stromes gewann den Belgern den Kaisersitz in Trier. Die Stadt war Residenz von Kaiser Constantin bis Kaiser Gratian.

26 Vgl. Vergil, *Georgica* 3,144: *viridissima gramine ripa.* – Zu *consite* ergänze wieder *Baccho.*

27 Es galt als hohes Lob eines Flusses, wenn er große Schiffe trug.

28 Zur kristallenen Klarheit des Wassers vgl. Apuleius, *Metamorphosen* 1,19: *fluvius* [...] *argento vel vitro aemulus in colorem.*

29 f. *trepidus* und *gelidus* sind übliche Beiwörter für Bäche oder Quellen.

32 *bivio: bivius* ›in zwei Richtungen Durchlass gewährend, in zwei Richtungen begeh-, befahrbar‹; gemeint ist hier ein Deich mit einer Öffnung, die in zwei Richtungen Durchfluss ermöglicht. *munimen* ist ein solcher Deich oder eine Hafenmole; Ausonius spielt auf die von Agrippa erneuerte Mole an, die den Lucrinersee vom Meer trennte; vgl. Vergil, *Georgica* 2,161 ff. Bei Flut strömt das Wasser des Tyrrhenischen Meeres durch die Mole in den Lucrinersee, bei Ebbe wieder heraus.

33 Vgl. Lucan 4,13: *placidis praelabitur undis.*

35 *rapidos ... meatus:* einen rascheren Lauf einnehmen. – Zu *spirante vado* vgl. Vergil, *Aeneis* 10,291: *vada non spirant.*

37 f. *iusti nominis:* gemeint ist: der Name »Fluss, Strom«.

39 ff. Ausonius schreibt der Mosel eine doppelte Strömung zu, die natürliche zur Mündung und die entgegengesetzte durch die flussaufwärts geschleppten Kähne, wodurch beinahe Ebbe und Flut entstehen.

41 f. Die Schiffe werden mit Seilen, die am Mast angebunden sind, von Schleppknechten am Ufer mit Schulter und Nacken gezogen (getreidelt), wie es u. a. die Igeler Säule darstellt. Man zog wohl auch mit Ochsen oder Pferden.

Treidelszene auf der Mosel
(Igeler Säule, Westseite)

Nach einer Zeichnung von L. Dahm in:
Trierer Zeitschrift für Geschichte und Kunst
des Trierer Landes und seiner Nachbar-
gebiete 31 (1968)

43 Die Wellen des Flusses werden vom Schiff zurückgedrängt; so hält es der Fluss fast für natürlich, dass er langsamer fließt.

45 Die Mosel wird den Unterweltflüssen entgegengesetzt; vgl. Vergil, *Aeneis* 6,415 ff.

48 Die ironisch tadelnde Formel *I nunc* entstammt der kynisch-stoischen Diatribe und missbilligt eine Haltung; vgl. Ovid, *Heroides* 16,57: *i nunc et Phrygiae … gentis.* Der weiße, rot geäderte Marmor von Synnada in Phrygien wurde gerne zur Bedeckung von Böden und Wänden gebraucht. Ob Ausonius hier an Cicero, *De legibus* 2,2 (*pavimenta marmorea et laqueata tecta contemno*) anknüpft, ist fraglich.

51 *cura nepotum:* die Sorge der Schlemmer, ihre Verschwendungssucht.

52 Der bereits arm Gewordene verschleudert unbekümmert auch den Rest des Vermögens; vgl. Martial 3,10,3: *luxuriam premeret cum crastina semper egestas.*

54 Vgl. Ovid, *Metamorphosen* 11,232 f.

Lob der klaren Fluten der Mosel (55–74)

55 Die Oberfläche ist nicht vom Wind gekräuselt.

55 ff. Die Stelle ist nachgeahmt von Claudianus, *De raptu Proserpinae* 2,114 ff.

58 *per inania:* durch die Luft.

59 *durante . . . visu:* wenn das Auge auf einen Punkt geheftet bleibt, oder: indem es durchdringt.

62 Das Wasser erscheint durch den Widerschein des Himmels blau gefärbt.

66 Wenn die Halme sich bewegen, schimmern die Steinchen hervor und verschwinden dann wieder. Vgl. Martial 4,32,1: *et latet et lucet.*

68 f. Kaledonien lag im heutigen Schottland, jenseits des britannischen Limes. Weniger wertvolle britische Perlen (Tacitus, *Agricola* 12), Erzeugnisse der Muscheln, werden oft erwähnt.

72 Perlen bilden Schmuck für Ohren und Hals.

74 Der Farbunterschied zum grünen Moos und den Wassergräsern lässt die weißen Steine hervortreten.

Die Moselfische (75–149)

77 Vgl. Vergil, *Georgica* 2,103: *sed neque quam multae species* [. . .]. – Der Dichter bringt nach epischem Brauch (seit Homer, Schiffskatalog der *Ilias*) ein Stück Katalogdichtung; vgl. Ovids *Halieutica.* Woher Ausonius die vielen Fischnamen bezog, ist unklar; neben eigener Kenntnis liegt vielleicht hellenistische Katalogpoesie zu Grunde, mithilfe deren der Dichter zeigen will, wie sehr die Mosel dem Ozean gleicht. Symmachus (*Epistel* 1,24) macht sich über die Menge der verschiedenen Fische im Katalog des Ausonius lustig: An der Tafel des Ausonius habe er so viele nicht kennen gelernt. Zum Ganzen vgl. auch Ambrosius, *Hexaemeron*, 5. Tag, Kapitel 3: *De piscibus.* – Die angeführten Fische gab es damals wohl in der Mosel; der Dichter liefert genaue Beschreibungen. Der Fischkatalog ist nachgeahmt von A. Pope,

Windsor Forest (*An essay on criticism, Windsor Forest, and, The rape of the lock*, London 1966, S. 132 ff.).

77 ff. Ausonius will sagen, dass es fast ein unerlaubter Eingriff in eine göttliche Sphäre ist, wenn er alle Fische erforscht und aufzählt; so bittet er (in epischer Weise) die Nymphe, die Schar(en) vorzuführen und zu besprechen. Vielleicht bildet schon Vers 75 f. eine Vorbereitung zu diesem Gedanken.

80 Die Herrschaft über den zweiten Weltteil, das Meer, erhielt Neptunus, der Herrscher mit dem Dreizack, bei der Teilung der Welt unter die drei Kronossöhne. Iupiter erloste den Himmel, Pluto die Unterwelt, die Erde blieb gemeinsames Gut. Vgl. Homer, *Ilias* 15,187 ff.

82 Wie im großen Epos der Dichter die Musen, ruft Ausonius eine Nymphe (oder Najade, wie Göttinnen von Gewässern hießen) als Helferin an.

83 Vgl. Manilius 5,660: *natos squamigeri gregis.*

85 *capito* ist wegen seines Namens der erste Fisch; es ist der Dickkopf, eine Art Karpfen mit spindelförmigem Körper und großem Kopf. – Vgl. Ovid, *Halieutica* 118: *herbosa arena.*

87 Der Fisch hält sich wegen des fetten, weichen Fleisches nicht lange.

88 *salar* ist die rot, auch blau gefärbte (gepunktete) Forelle.

89 *rhedo* ist wohl ein Knorpelfisch, entweder Neunauge oder Aalraupe.

90 *umbra* ist die flinke Äsche, die zu den Lachsen gehört; Ausonius erklärt den Namen mit der schattengleichen, raschen Bewegung des Fisches.

92 Die Saar mündet bei Konz (*Contionacum*; mit Kaiserpalast) gegenüber von Igel, 300 Meter nachdem sie von einer Brücke mit sechs Pfeilern überspannt war. – *scopulosis: scopulosus* ›felsig ragend, felsenfest‹.

93 Vgl. Lucan 1,400: *famae maioris in amnem.*

94 *barbe: barbus* ist die zu den Karpfen gehörende Flussbarbe.

95 Die Barbe verliert mit dem Alter nicht an Geschmack.

97 Vgl. Vergil, *Georgica* 2,101: *non ego te ... transierim.* – *salmo* ist der Salm (Lachs).

98 ff. Die Schwanzschläge des Fisches in der Tiefe zeichnen sich an der Oberfläche ab.

102 *dubiae ... cenae: dubia cena* (aus Terenz, *Phormio* 342) ist eine Mahlzeit, bei der man wegen der Güte der Gerichte zweifelt,

was man zuerst nimmt. Zum Salm vgl. Plinius, *Naturgeschichte* 9,68, der berichtet, in Aquitanien ziehe man den Flusssalm allen Meeresfischen vor.

106 Illyricum steht hier für die Donauländer, die seit Diocletian in einer Diözese zusammengefasst waren. Ausonius, *Epigramm* 28,1 nennt die Donau Herrin der Illyrischen Länder. Zweinamig heißt die Donau, weil sie im Unterlauf Ister genannt wird.

107 *mustela* ist die Aalraupe (Quappe) mit langem Leib, ölgrüner Färbung und schwarzbraunen Marmelflecken, an Kehle und Bauchflossen weißlich.

115 Vgl. Vergil, *Aeneis* 10,793: *nec te ... silebo.*

116 *amnigenos: amnigenus* kommt nur hier vor und ist vielleicht von Ausonius gebildet.

117 *mullis: mullus* ist die Meerbarbe mit mattroter Färbung; sie galt als bester Fisch und war teuer: Verkaufspreis manchmal 5–8000 Sesterzen.

119 Die Trennung der Muskelsegmente durch Gräten ist keine Eigenheit des Barsches.

122 *lucius* ist der Hecht; der Name trifft mit dem römischen Vornamen Lucius zusammen, ein Anlass für Scherze. Der Hecht hält sich gerne in stillstehenden Gewässern auf.

123 Der Flusshecht schmeckte den Römern weniger; so kommt er in die rauchigen Garküchen für einfache Leute.

125 ff. Auch die folgenden kleineren Fische finden wenig Gnade: *tinca,* die ölgrüne Schleie, Speise der weniger Bemittelten, *alburnus,* der Weißfisch, *alausa*, Alse oder Maifisch, ein Verwandter des Herings, *sario,* die Lachsforelle, die aber nicht eine Entwicklungsstufe der Forelle zum Lachs darstellt, wie Ausonius meint. – *medio aevo* (130) besagt: dem Alter nach keine Forelle mehr und noch kein Lachs.

131 Vgl. Ovid, *Ex Ponto* 4,13,1: *inter memorande sodales.*

132 *gobio:* der kleine Gründling (etwa 15 cm lang).

134 Der Gründling hat zwei Bartfasern, an jedem Mundwinkel eine.

135 Nach dem kleinsten nun der größte Fisch, *silurus*, der nach Plinius, *Naturgeschichte* 9,44 in Main und Donau vorkommt und mit dem Wels gleichgesetzt wird; in der Mosel findet sich allerdings nur der gleich große Stör, so dass ungewiss bleibt, welchen Fisch Ausonius meint.

136 *Actaeo: Actaeus* ist poetischer Name für *Atticus.* Attisch heißt das Olivenöl, weil der Ölbau von Athene in Attika eingeführt wurde. Der Vergleich ist vom Olivenöl genommen, denn der Rücken des Fisches ist grünlich.

140 Schon beim ruhigen Schwimmen (*meatus*) wirft der Fisch mächtige Wellen.

145 Das Meerwasser wird vom Wal verdrängt; es überschwemmt fast die Felsen der Küste. Ausonius sah vielleicht einen Wal in der Garonne-Mündung.

146 Ebenso Vergil, *Aeneis* 3,195 f.: *magnaque surgunt / aequora.*

147 Die Berge fürchten, beim Ansteigen der Wogen kleiner auszusehen.

149 Der zahme Wal der Mosel bringt keinen Untergang, schlägt nicht Kähne um wie der Wal.

2. Teil: Leben an den Ufern und auf dem Fluss (150–282)

Weinberge und Winzer (150–168)

150 ff. Nun zeigt der Dichter ein neues Schauspiel; daher die Ausdrücke vom Theater (*pompa, spectaculum, theatrum, scaena*). – *pompa* ist eigentlich ein festlicher Aufzug, Gepränge.

154 Vgl. Statius, *Thebais* 2,35: *stat sublimis apex.*

155 Die Einbuchtungen der Berge weichen den Ausbuchtungen des Flusses; vgl. 285.

156 Die aufsteigenden Hügel gleichen Sitzreihen im Theater; vgl. Seneca, *Troades* 1123: *clivo levi vallis crescit theatri more.*

157 Das Gaurusgebirge (heute Monte Gauro) am Golf von Neapel war berühmt für seine Weine.

158 f. Rhodope ist ein Teil des hohen Haemusgebirges in Thrakien, trug aber wenig Wein; der Pangaeus (heute Pilaf Tepeh) liegt östlich der Mündung des Strymon, nördlich vom Athos, war aber nicht wegen seines Weins bekannt, sondern wegen der dortigen Silber- und Goldminen. Berühmt war der Wein von Ismaros, Berg und Stadt an der thrakischen Küste westlich vom Hebrus (Maritza); mit ismarischem Wein machte z. B. Odysseus den Polyphem trunken; vgl. auch Vergil, *Georgica* 2,37 und 4,461.

160 »Meine« Weinpflanzungen müssen nicht Besitz des Ausonius sein; es kann »die mir lieben«, »meine heimatlichen« Weinberge bedeuten. Die aquitanischen Weine, besonders der Wein von Bordeaux, waren schon im 1. Jh. n. Chr. bekannt.

162 Lyaeus, Sorgenlöser, war ein Beiname des Bacchus; hier steht der Name für »Wein«.

163 Vgl. Vergil, *Aeneis* 11,73: *laeta laborum.* – *plebes* sind arbeitsfreudige freie Leute, *coloni* emsige Halbfreie. Die Männer sind mit Frühlingsarbeiten im Weinberg beschäftigt.

166 Der Wanderer geht längs des Flusses am Fuß der Berge.

167 Wanderer necken manchmal (nach römischer Sitte mit dem Kuckucksruf) säumige Winzer; vgl. Horaz, *Satiren* 1,7,29.

Nymphen und Satyrn (169–188)

169 ff. Nicht nur Menschen, auch Götter haben Anteil an der schönen Landschaft. Ausonius folgt hier teilweise Statius, *Silvae* 2,2,100 ff. Auf den Denkmälern von Neumagen sind mehrfach Najaden und Satyrn dargestellt. Faun, Satyr, Pan meint hier stets dasselbe Wesen. – *scaena locorum:* Die Berge bilden ein natürliches Amphitheater.

170 *glauca tuentes* ist lateinische Nachbildung von griechisch »blauäugig« (*glaukopis*).

172 Keckheit und Lüsternheit sind bekannte Eigenschaften der Satyrn.

173 Nach Hesiod, Frg. 91 sind die Nymphen Schwestern der Satyrn. – Vgl. Silius Italicus 14,363: *insultant . . . pelago, ac Neptunia regna . . . trepidant.*

174 Hier und in 183 werden die Satyrn, Landgötter, als schlechte Schwimmer bezeichnet.

176 Panope ist eine Meernymphe, Tochter des Nereus; hier hat sie Ausonius im Fluss angesiedelt (*fluvialis*). Sie nascht mit den Oreaden (Bergnymphen) Trauben und wird von den Faunen (den Panen von 172) gejagt.

178 Vgl. Vergil, *Georgica* 4,426: *medium sol igneus orbem hauserat.* Die Mittagszeit galt vielfach als »Stunde des Pan«, in der sich die Mächte der Natur offenbaren (ähnliche Vorstellung auch im Keltischen). – Die folgende Szene ist gestaltet nach Statius, *Silvae* 2,2,100 ff.; vgl. auch Ovid, *Metamorphosen* 1,705–713.

187 *pro parte:* zum (zustehenden) Teil, soweit es erlaubt ist oder soviel ich weiß.

Spiegelung der Weinberge (189–199)

189 ff. Das Folgende ist nach Statius, *Silvae* 2,2,48 f. gestaltet, wird übrigens nachgeahmt von A. Pope, *Windsor Forest*, S. 211 ff. in der Beschreibung des Loddon.

192 f. Wenn Hesperus, der Abendstern, erscheint, sinkt die Sonne. Je tiefer sie sinkt, desto mehr bedecken die langen Schatten der Hügel den Fluss.

194 Die Bilder sind in zitternder Bewegung wegen der sich kräuselnden Wellen. – *absens:* abwesend, da nur das Spiegelbild sich bewegt.

196 Vgl. Plinius, *Epistulae* 8,8,4: *perspicuus amnis ut mersas viridi imagine annumerat.*

197 Der Nachen ist aus Brettern gemacht; vgl. Seneca, *De brevitate vitae* 13,4: *tabularum contextus caudex ... vocabatur.* Vielleicht ist auch ein Einbaum gemeint, der leicht dahingleitet.

Schifferkämpfe und Schifferspiele auf dem Fluss (200–239)

200 Ausonius beschreibt vielleicht das Fest des römischen Wassergottes Neptunus (*Neptunalia*) im Hochsommer mit Ruderwettspielen. Der Dichter denkt an das epische Motiv der Wettspiele der Helden (Homer, *Ilias* 23; Vergil, *Aeneis* 5; Statius, *Thebais* 6).

206 Der Text ist in Ordnung. Subjekt des Satzes ist der Zuschauer, wohl ein älterer Winzer. Dem Dichter schwebte Vergil, *Ecloge* 7,17: *posthabui ... mea seria ludo* vor, doch setzte er im Vorder- und Nachsatz die 3. Person. *Transire diem* ist Prädikat zu *impubem ... manum ... vagantem;* das Verbum *transire* bedeutet hier »zubringen« wie (z. B.) bei Seneca, *Epistulae* 45,12.

208 *Cumano ... aequore: Cumanum aequor* ist nicht das hohe Meer bei Cumae, sondern die Bucht von Baiae, über die der weinreiche Gaurus und der rauchende Vesuv ragen. Bacchus besucht diese seine Lieblingsgegend und sieht das Treiben in den Wogen. Zu *despectat* vgl. 334.

209 Liber ist ein altitalischer Gott, später mit dem griechischen Dionysos gleichgestellt. – Schweflig (*sulphureus*) oder schwefelreich, also vulkanisch, wird der Gaurus (vgl. 157) genannt.

211 f. Augustus hatte zur Feier seines Sieges bei Actium dort die *ludi Actiaci* (vierjährig, mit Wagen-, Fechter- und Schiffskämpfen) gestiftet; hier lässt Venus, die Ahnherrin der Römer und Octavians, die Entscheidungsschlacht durch ihre Eroten vorführen. In Baiae weilt Venus gern, hat auch am Lucrinersee einen Tempel.

214 Die Insel Leucas liegt Actium gegenüber; Augustus ließ den dortigen Apollotempel (auf dem Leucadischen Felsen, heute Kap Ducato) nach seinem Sieg wegen der Hilfe Apollos vergrößern.

215 Ausonius weist auf die gefährlichen Kämpfe zwischen Octavian und Sextus Pompeius in Sizilien hin; sie wurden entschieden durch die Siege Agrippas (36 v. Chr.) bei Mylae (heute Milazzo; hat nichts mit Mylasa an der karischen Küste zu tun) und Naulochus, nicht weit vom Vorgebirge Pelorus im Norden der Insel. Diese Kämpfe werden im Avernersee spielerisch wiederholt.

216 Cumae beim Avernersee wurde von Kyme in Kleinasien im Bund mit den Städten Chalkis und Eretria auf Euböa gegründet.

217 f. Der – als Person gedachte – Pelorus, das Nordostkap Siziliens (heute Capo Peloro), »sah«, erlebte die Seeschlacht bei Mylae. Wohl kaum sieht er jetzt auf das nachgespielte (weit entfernte) Seegefecht herab.

220 Die Jugend an der Mosel entspricht den Eroten, der Fluss dem Meer und den Seen, die bunten Kähne den Schiffen; eine Seeschlacht allerdings scheint hier nicht dargestellt, nur ein Wettrudern.

222 Hyperion, einer der Söhne von Uranos und Gaia, ist Vater des Sonnengottes Helios, steht aber hier für die Sonne selbst.

223 Vielleicht hat Ausonius das sonst nirgends auftauchende Adjektiv *nautalis* gebildet.

228 Vgl. Silius Italicus 6,351: *nautica pubes.*

230 ff. Das Thema Wasserspiegelung (Spiel von Sein und Schein) schließt mit einem Genrebild ab, das sich ähnlich auch auf antiken Steindenkmälern der Trierer Gegend findet.

Fischfang auf der Mosel (240–282)

240 Vgl. Lucrez 3,43: *puppibus accessus faciles.*

243 ff. Fischfang, wie üblich, mit (Schlepp-)Netzen und Angeln. Fischfang galt nicht immer als positive Tätigkeit; vgl. Plutarch, *De sollertia animalium* 9.

244 Anscheinend wird ein großes Netz mit einem Ende am Ufer befestigt; mit dem anderen wird ein Halbkreis zurück zum Ufer beschrieben und die darin gefangenen Fische herausgeholt. Korken halten den oberen Rand des Netzes an der Wasseroberfläche, Bleikugeln ziehen den unteren Rand hinab.

247 Vgl. Ovid, *Metamorphosen* 13,438: *scopulo subiectas misit in undas.*

248 An der elastischen Rute ist eine Spitze, die eigentliche Angel, befestigt.

257 *fractis:* vom Schlagen der Peitsche durch die Luft; von einem Peitschenknall ist nicht die Rede, nur vom Zischen der Luft, das von der Peitschenschnur herrührt.

267 *exercet . . . ignes:* er hält das Feuer bei Glut. – Die auf- und zuklappenden Kiemen des Fisches sind verglichen mit der Woll- oder Filzventilklappe am Einzugsloch des Blasebalgs, die sich beim Einziehen der Luft öffnet, beim Niederdrücken des Balgs aber an das Holzgestell des Blasebalgs aus Buchenholz angedrückt wird und die Luft zwingt, durch das Blaserohr auszuströmen.

276 Glaucus aus Anthedon in Böotien (gegenüber von Euböa) kostete selbst Kräuter, die Fischen, die er fing, Leben und Kraft zurückgaben, stürzte sich aber darauf, von Verlangen nach dem Wasser ergriffen, ins Meer und wurde zur Wassergottheit mit prophetischen Gaben; vgl. Ovid, *Metamorphosen* 13,904 f. Ausonius bezeichnet ihn als *praedo,* sieht ihn also nicht nur positiv; auch *scrutator operti Nereos* (280 f.) deutet vielleicht auf eine Verletzung der Natur.

277 Circe liebte Glaukos, doch lehnte dieser sie ab, weil er die Skylla liebte; darauf verwandelte Circe die Skylla in ein Ungeheuer.

279 Gemeint ist das Ägäische Meer, das hier nach der Insel Karpathos zwischen Kreta und Rhodos »karpathisch« heißt.

281 Nereus, der Meergott, steht hier, wie auch Tethys, die Seegöttin, für das Meer. Der Genitiv *Nereos* ist griechisch (neben *Nerei*).

3. Teil:
Kultur an der Mosel (283–417)

Bauwesen an der Mosel. Architekten-Katalog (283–320)

286 ff. Auf die Villen wird schon in 20 ff. hingewiesen (vgl. damit besonders 284). Ausonius verwendet hier deutlich Statius, *Silvae* 1,3,25 ff. (Beschreibung der Villa Tiburtina) als Vorbild.

287 Hellespont und Bosporus müssen vor der Mosel zurücktreten. – Die gleiche Gegend wird auf dreifache Art bezeichnet. Helle, Tochter der Nephele, floh mit ihrem Bruder Phrixos auf einem Widder vor ihrer Stiefmutter Ino, ertrank aber in der Meerenge zwischen Sestos und Abydos, die nach ihr benannt wurde (Hellespont; heute Dardanellen); vgl. Ovid, *Metamorphosen* 11,195: *Nepheleidos Helles aequor.* Leander stammte aus Abydos und schwamm über das Meer zu seiner Geliebten Hero nach Sestos, ertrank aber nachts im Sturm.

289 Bei Chalkedon (heute Skutari), gegenüber von Byzanz, überbrückte der persische Großkönig Darius 513 v. Chr. beim Zug gegen die Skythen den Sund (*euripus*) zwischen Europa und Asien (Bosporus), vermutlich beim heutigen Rumeli Hissar; vielleicht denkt Ausonius auch an die Brücke des Xerxes über den Hellespont bei seinem Zug nach Griechenland 480 v. Chr. Vgl. die vorbildhafte Stelle bei Statius, *Achilleis* 1,409: *Phrixi qua semita iungi Europamque Asiamque vetat.* Übrigens ist die Beschreibung der Meerenge bei Ausonius nicht sehr genau.

290 *euripus* meint hier nur einen Kanal oder eine Engstelle, nicht – wie sonst – die Enge zwischen Euböa und Böotien.

292 Gegensatz zum stürmischen Hellespont ist die stille Mosel. Vgl. Statius, *Silvae* 1,3,29. Vielleicht will Ausonius durch den Vergleich des friedlichen Mosellandes mit der stürmischen Bosporuslandschaft die – nicht genannte – Residenzstadt Konstantinopel versteckt gegenüber der – ebenfalls nicht genannten – Residenz Trier abwerten.

293 Caurus (Corus) ist der Nordwestwind. – Vgl. Statius, *Thebais* 2,512: *commercia iungere linguae*: im Sinn von einer Unterredung, Unterhaltung.

294 *alterno . . . pulsu (aeris):* Gemeint sind wechselnde Rufe.

296 f. In der Strommitte treffen die widerhallenden Rufe von beiden Ufern zusammen.

298 ff. Die Mosel-Villen könnten von den berühmtesten Architekten erbaut sein; in der Tat bezeugen die gefundenen Reste große Pracht.

300 ff. Daedalus, der »Erzvater« architektonischer Kunst, floh mit seinem Sohn Icarus auf Flügeln vor König Minos von Kreta; der Sohn stürzte ins Meer, und der Vater wollte seinen Untergang auf den Toren des Apollotempels von Cumae (dessen Architekt er war) in Gold darstellen, vermochte es aber aus Vaterschmerz nicht; vgl. Vergil, *Aeneis* 6,32: *bis conatus erat casus effingere in auro, bis patriae cecidere manus.* – Daedalus heißt gortynisch nach Gortyn, der alten Hauptstadt von Kreta, weil er von dort floh oder weil er das Labyrinth dort erbaute. Der Tempel von Cumae heißt ›euböisch‹; vgl. Anm. zu 216.

303 ff. M. Terentius Varro (116–27 v. Chr.) verfasste u. a. 15 Bücher *Imagines*, die 700 Abbildungen bedeutender Personen umfassten (Könige, Feldherren, Politiker, Dichter, Schriftsteller, Forscher, Künstler u. a.), jeweils nach Römern und Nicht-Römern geordnet; zu jedem Bild verfasste er ein Epigramm. Ausonius, der Varro auch sonst kennt (wenn er nicht auf Kompendien fußt), scheint hier sieben (307: *hebdomas*) griechische Baukünstler entnommen zu haben. Es sind, außer Daedalus: Philo aus Eleusis (2. Hälfte des 4. Jh.s v. Chr.), der Baumeister der athenischen Werft für Kriegsschiffe; kekropisch heißt er nach Kekrops, dem ersten König von Athen; dann Archimedes (um 287–212 v. Chr.), der große Mathematiker und Verteidiger von Syracus (V. 304) gegen den Römer Marcellus 212 v. Chr.

305 *hominumque: homines* sind die Künstler, *opera* die ausgeführten Werke (?). Die Übersetzung ist frei.

307 Der genannte Menecrates ist nicht weiter festzustellen; man kennt nur zwei Bildhauer dieses Namens aus dem 2. Jh. v. Chr. Vielleicht liegt eine Verwechslung mit Mnesikles, dem Miterbauer der Propyläen, vor.

308 Der Ephesier mag nach Plinius 7,125 Chersiphron (sonst auch Cresiphon) aus Gnosos sein, der den älteren Artemistempel in Ephesus (im 6. Jh. v. Chr.) erbaute, eines der Sieben Weltwunder. Vielleicht wollte Ausonius mit *spectata manus* den Namen Chersiphron (mit den Händen geschickt) übersetzen.

309 Ictinus, Zeitgenosse des Phidias, mit Kallikrates Erbauer des Parthenon auf der Akropolis von Athen (308: *in arce Minervae*); neben dem Parthenon befand sich eine Kluft, die von

Krähen gemieden wurde und andere Vögel angeblich durch giftige Ausdünstungen tötete. Dies scheint auf die Eule übertragen. Auch sollten Eulen andere Vögel anziehen, was man zur Jagd ausnützte. Zudem erzählte man, Phidias habe auf der Akropolis der Athene eine Eule geweiht (Dion Chrysostomos 12,6). Aus diesen Nachrichten scheint das Märchen von der Wundereule als Werk des Ictinus gebildet; vielleicht wirkte auch der Vogelname Iktinos (die Weihe) dabei mit.

311 ff. Ebenso unklar sind die Verhältnisse bei Dinochares, der wohl Dinocrates (Deinokrates) hieß und im Auftrag Alexanders des Großen bei der Gründung von Alexandria tätig war. Das Märchen von dem im Pharischen Tempel schwebenden Erzbild der Arsinoe wird sonst Timochares (unter Ptolemaios II. Philadelphos, 285–247 v. Chr.) zugeschrieben. Plinius, *Naturgeschichte* 34,148 berichtet (etwas unkritisch), dieser habe in Alexandria aus Magnetstein einen Tempel für Königin Arsinoe gebaut, in dem eine eiserne Statue in der Luft schweben sollte, sei aber vor Vollendung des Werkes gestorben. Ausonius lässt nur mehr das Haar der Statue aus Eisen bestehen. Nachgeahmt ist die Sache in den *Gesta Trevirorum*, wo von einem schwebenden Wotan erzählt wird. Dem Dinochares schreibt Ausonius auch (anstelle eines bei Plinius, ebd., genannten Obelisken) das andere Wahrzeichen Ägyptens, die Pyramide, zu. Diese wirft gegen Mittag in der Tat (kaum) einen Schatten, was im Altertum Staunen erregte.

314 Die Geschwisterehe, bei den Ptolemäern üblich (hier die Ehe des Ptolemaios II. Philadelphos mit seiner Schwester Arsinoe, 278 v. Chr.), wurde bei Griechen und Römern weitgehend abgelehnt.

315 *Pharii: Pharius*, abgeleitet von Insel und Leuchtturm Pharos vor Alexandria, steht hier für »ägyptisch«.

316 Der Dichter setzt den Achat für den Magnetstein ein. Schon Thales hielt den Magneten für pneumatisch beseelt (Frg. 22 Diels/Kranz), daher das Verbum *spirat*; vgl. die gleiche Vorstellung bei Claudianus, *Carmina minora* 29,33 ff. – *corus achates:* Corus ist der Nordwestwind; vielleicht war dem Magnetstein ein Achat in Form (des Kopfes) dieses Windgottes vorgeblendet, damit der Anhauch (vgl. *spirat*) des Windes das Bild zu tragen scheine.

318 Vgl. Vergil, *Aeneis* 6,173: *credere dignum est.*

319 *scaenas ... domorum: scaenae domorum*: die Grundrisse der Häuser, die Häuser selbst; vgl. 299: *tectonicas... formas*. – *Belgica prima* wurde von einem Konsular (in Trier) verwaltet, *Belgica secunda* von einem Konsular in *Durocortorum Remorum* (Reims).

Lage einzelner Villen/Gutshöfe (321–348)

321 ff. Im Moseltal wurden rund achtzig römische Villen festgestellt; die prunkvollste war die von Nennig. – Ausonius zeichnet die Villen nach ihrer Lage und nach ihrer Bauweise. Die 1. liegt auf freier Anhöhe, die 2. auf einer Landzunge, die 3. etwas zurück an einer Bucht, die 4. an einem Hang, die 5. unten auf der Wiese, die 6. ebenda an natürlichen Fischteichen, die 7. oben am Talrand.

323 Eine Villa liegt an einer Bucht und scheint sich landeinwärts zurückzuziehen; vgl. die Villa in Wittlich an der Lieser.

324 Vgl. Vergil, *Aeneis* 1,419: *collem, qui plurimus urbi imminet.*

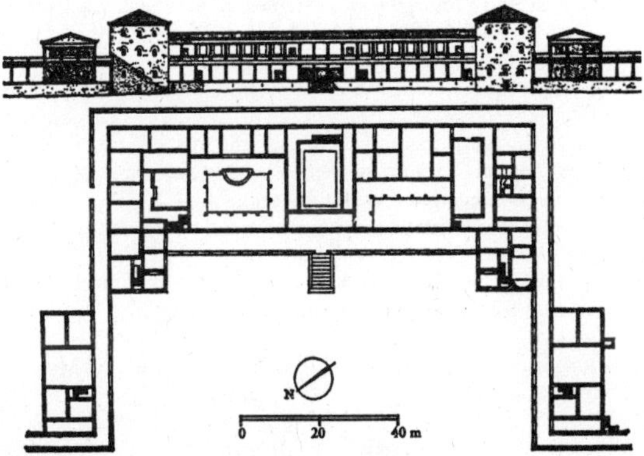

Die Villa von Nennig

Aus: A. G. McKay: Römische Häuser, Villen und Paläste. Luzern 1980. S. 188

325 Die Felder oder Weinberge sind entweder nach Germaneneinfällen nicht mehr kultiviert oder liegen zum Ausruhen brach.

326 Der weite Blick erweckt das Gefühl von Reichtum.

330 Auf der Insel Pharos bei Alexandria (vgl. 315) stand ein berühmter Leuchtturm, von Ptolemaios II. um 280 v. Chr. errichtet, eines der Sieben Weltwunder; die Benennung nach Memphis, der alten, weitab liegenden Hauptstadt Ägyptens, unterstreicht nur den fernen Standort.

331 Eine Villa besitzt Teiche zwischen Flussklippen; man kann sie leicht mit Netzen schließen und so Fische fangen; vgl. die Villa von Welschbillig nördlich von Trier.

333 f. Die Villa liegt hoch oben, blickt zum Fluss hinab (*despectu*), doch ist der Blick schon durch den Dunst im Flusstal geschwächt.

335 Hier liegen Hallen und Säulengänge in Wiesen. Große Villen besaßen lange, überdachte Säulengänge.

336 *nitentia:* sich stützend.

337 Die Römer legten überall ihre Bäder an; bekannt sind die großartigen Thermen von Trier und die Bäder (z. B.) der Villen von Wittlich und Nennig. Vgl. P. Steiner, *Römische Landhäuser im Trierer Bezirk*, Berlin 1923. – Bei der Beschreibung lehnt sich Ausonius stark an Statius, *Silvae* 1,3,43 ff. an.

338 *Mulciber* ist ein Beiname des Vulcanus und bedeutet hier nur »Feuer«. – *ferventi ... operto:* gemeint ist der bedeckte Ofen des Hypocaustum, von dem aus die heiße Luft durch die Gänge in den Wänden zu den Schwitzbädern (aber auch in die Zentralheizungen der Wohnräume) gelangt.

339 Die Wände sind mit Stuck bekleidet und haben dahinter Hohlräume.

341 Das Ende des Bades (erst *tepidarium*, mäßig warmes Bad, dann *caldarium*, Heißbad; eventuell *sudatorium*, Schwitzbad) bildete für den Römer die Abkühlung im kalten Wasser des *frigidarium*; hier wird dieses durch das kühle Wasser der Mosel ersetzt. – Vgl. auch Martial 1,49,9–12.

344 Vgl. Statius, *Silvae* 1,3,73: *vitreasque natatu plaudit aquas.*

345 Ausonius erhebt die Bäder in den Rang der (möglicherweise vorbildhaften) berühmten Anlagen von Baiae (bei Cumae; daher *Euboicae*, vgl. zu 216 und 301).

346 *simulacra exilia:* Die Mosel-Villen sind Abbilder der Luxus-Villen von Baiae in verkleinertem Maßstab.

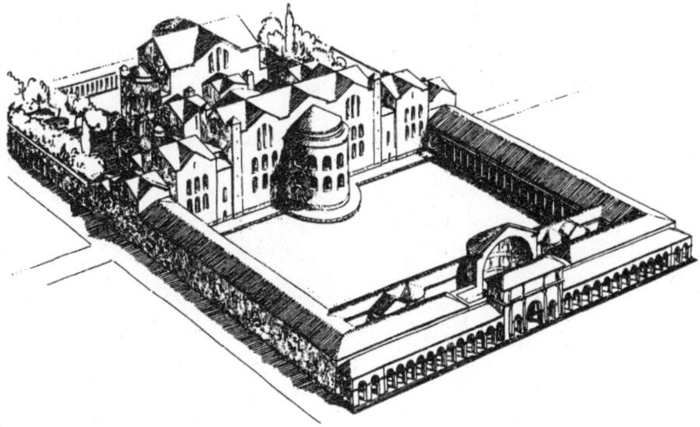

Kaiserthermen von Trier
(Rekonstruktionszeichnung)

Aus: D. Krenker / E. Krüger: Die Trierer Kaisergrabungen.
In: Trierer Grabungen und Forschungen.
Bd. 1,1. Mainz 1929

Die Nebenflüsse. Einzugsgebiet als Wirtschaftsraum (349–380)

349 ff. Die Nebenflüsse erhöhen – wie die Begleitung (Suite) eines Herrschers – die Würde der Mosel.

351 *diversa ... ostia:* Einmündungen (verschiedener Flüsse) auf beiden Seiten des Flusses.

353 *consumere nomen:* den Namen verlieren. Solche Ausdrücke werden oft für »einmünden« gebraucht.

354 ff. Die Prüm (*Promea*) kommt von der Eifel, vereinigt sich mit der Nims (*Nemesa*), fließt dann in die Sauer (*Sura*) und mit ihr bei Wasserbillig in die Mosel.

358 Die Vorstellung vom Meer als dem Vater der Ströme ist in der römischen Dichtung verbreitet.

359 Die Kyll (*Celbis*) kommt ebenfalls aus der Eifel und mündet unterhalb von Trier in die Mosel; fast gegenüber mündet auch die Ruwer (*Erubris*) in den Hauptstrom.

362 ff. Der Fluss treibt Mühlen für Getreide und Sägen für »Marmor«, doch gibt es an der Ruwer nur blauen oder roten Schiefer; vermutlich brachte man Marmorblöcke für Wandverkleidungen von ferne herbei und bearbeitete sie am Ort.

365 f. Kleinere Nebenflüsse, die Lieser (*Lesura*) aus der Eifel (Mündung bei Bernkastel), die Dhron (*Drahonus*) vom Hunsrück (Mündung bei Neumagen), sind kaum zu erwähnen; größer ist die Salm (*Salmona*; Mündung bei Klüsserath).

367 ff. Die Saar (*Saravus*) ist der größte Nebenfluss der Mosel, kommt vom Westhang der Vogesen; sie winkt mit dem Kleide, grüßend (Ovid, *Amores* 3,2,74 ff.) oder um auf sich aufmerksam zu machen. Zudem verlängert sie ihr Flussbett durch Windungen, um, ermüdet, ihre Mündung zur Kaiserpfalz voranzuschieben. Mit der Pfalz ist entweder (eher) Trier gemeint, das etwa 9 Kilometer von der Saarmündung entfernt liegt, oder das gleich dort gelegene Konz, wo ein Kaiserpalast stand und eine Reihe von Kaisererlassen gerade aus dem Jahr 371 datiert.

371 *Alisontia* ist entweder die Elz, die bei Moselkern mündet, oder die Alzette, Nebenfluss der Sauer in Luxemburg. Es scheint aber, dass Ausonius mit der Elz als dem am meisten moselabwärts mündenden Nebenfluss der linken Seite endet. Neuerdings bespricht Dräger, *Alisontia* das Problem sehr anregend. – Zu *felix* vgl. 417.

372 ff. Es gibt noch mehrere (übertrieben: *mille*) Bäche, die in die Mosel münden, Madon, Meurthe, Seille u. a. Die Flüsse haben den Ehrgeiz, am Ruhm der Mosel teilzuhaben, und sind ihr ergeben.

374 Mit dem Wort *dia* vergöttlicht Ausonius die Mosel; vgl. 443, 468. – *ambitus ... mores:* Ehrgeiz ... Wesen, Charakter; *mores* am besten hier wohl: Ergebenheit.

375 Die Mosel bräuchte zu ihrem Ruhm nur einen Homer. Smyrna war eine der sieben Städte, die um den Ruhm stritten, Homer hervorgebracht zu haben; Mantua (eigentlich Andes bei Mantua) war Vergils Geburtsort. Ausonius rückt sich, versteckt, in die Nähe der beiden großen Dichter.

376 f. Der Fluss Simois bei Troja ist durch Homers *Ilias* berühmt, der Tiber durch Vergils *Aeneis*.

378 Ausonius fürchtet, durch den hochgreifenden Vergleich die mächtige Roma gereizt zu haben, und sucht die Gottheiten des

Neides und der Rache zu versöhnen. Nemesis, die griechische Rachegöttin, hat ihren Namen im Lateinischen behalten: z. T. wurde sie mit Fortuna gleichgesetzt.

380 Andere Erklärung: Der Dichter wird Verzeihung erhalten, denn die Kaiser (*parentes Romae* nach dem Ehrentitel *pater patriae*) selbst wählten Trier als Herrschaftssitz. Das neue Rom heißt Trier, das Saturnische Land liegt an der Mosel.

Lob der Anwohner des Flusses (381–388)

381 Vgl. Vergil, *Georgica* 2,173: *salve, magna parens frugum, Saturnia tellus.*

381 ff. Nun gilt das Lob nicht mehr der Landschaft, sondern der Kultur an der Mosel.

382 Die Adeligen (*proceres*) sind wohl (wie 401) die Curialen, erbliche Magistrate der Städte; *vir clarus* war ein damals üblicher Titel für Magistrate. – Lob der Kriegstüchtigkeit der Treverer schon bei Caesar, *Bellum Gallicum* 2,24,4; besonderes Ansehen besaß ihre Reiterei.

383 Vgl. Ovid, *Ex Ponto* 2,3,75: *Latiae facundia linguae*. Trier hatte eine Hohe Schule für Rhetorik, deren höchste Aufgabe es war, auf die Kaiser Preisreden zu formen, von denen Proben in der Sammlung der *Panegyrici Latini* erhalten sind. Andere Rhetorenschulen waren in Autun und Bordeaux.

384 ff. Ausonius lobt feines Benehmen und Esprit seiner Landsleute.

386 Die Anwohner der Mosel kennen aber auch den Lebensernst, als dessen Beispiele der Dichter den älteren und jüngeren Cato in Rom und den Athener Aristides nennt. Der ältere Marcus Porcius Cato Censorius (234–149 v. Chr.) galt als Urbild echten Römertums, der jüngere (Cato Uticensis, geb. 95 v. Chr.), besiegelte seine Treue zur römischen Republik nach der Niederlage bei Thapsus gegen Caesar (46 v. Chr.) durch Selbstmord in Utica. Aristides, athenischer Politiker zur Zeit der Perserkriege, galt als Muster der Gerechtigkeit.

387 *spectator:* der Beurteiler, Richter; vgl. Livius 42,34,7: *virtutis spectator et iudex.*

388 Athen galt als die älteste Stadt Griechenlands.

Versprechen eines Preisliedes auf die Anwohner (389–417)

389 Ausonius macht auf die symmetrische Komposition seines Gedichtes aufmerksam und kündigt den Schlussteil an. – Vgl. F. Lorenzo, »Ausonio, Mosella 389 e Propercio 3,1,13«, in: *Euphrosyne* 17 (1989) S. 259–264.

390 Vgl. Vergil, *Aeneis* 12,29: *victus amore tui*; Horaz, *Carmina* 1,6,12: *laudes ... Caesaris et tuas Culpa deterere ingeni.*

391 *netis: nete* heißt die letzte Saite der Lyra, die mit dem höchsten Ton; hier sind die »Saiten« der Dichtung überhaupt gemeint.

392 Vgl. Vergil, *Georgica* 4,564: *studiis florentem ignobilis otii*, ein Leben, nur der Wissenschaft gewidmet, fern dem Krieg und der Öffentlichkeit.

394 f. Ausonius verspricht ein längeres Epos über den Ruhm der Bewohner des Landes; allerdings kam es nicht zur Ausführung, mag auch der mittelalterliche Verfasser der *Gesta Trevirorum* (156) behaupten, man könne ein dickes Buch von Ausonius zur Ehre seiner Heimat in Bordeaux finden.

396 ff. Das Vergleichsfeld für Dichtung ist, wie häufig in antiker Poetik, die Webkunst mit Zettel und Einschlag.

397 *Pierides* sind die Musen, schon seit Hesiod so genannt nach ihrem Lieblingssitz Pierien, einer Landschaft nordöstlich vom Olymp, auch Heimat des Orpheus.

398 Entweder sind Purpurfäden gemeint, die das Gewebe verschönen, die Dichtung erhöhen, oder Ehre und Anerkennung (vgl. 474) für das neue Werk.

399 f. Die gallo-römischen Belger widmeten sich den zivilen Laufbahnen und überließen den Germanen die militärischen.

400 Ausonius beginnt mit dem breiten Bevölkerungskreis der Grundbesitzer (*possessores*), der wichtigsten Steuerquelle des Reiches. Ihnen folgen die gesetzeskundigen Juristen, Verteidiger der Angeklagten; gemeint sind u. a. die 364 von Valentinianus I. im ganzen Reich neu eingesetzten Verteidiger (*defensores*) der Bevölkerung gegen drückende Statthalter.

401 Nun folgen die Mitglieder des Rates (*senatus* oder *curia*) der städtischen Selbstverwaltung, die (382 bereits erwähnten) Curialen, mit offiziellem Titel Decurionen. Ihr (z. T. erbliches) Amt war damals mit schweren Lasten verbunden. Vgl.

K. F. Stroheker, *Der senatorische Adel im spätantiken Gallien*, Darmstadt 1970.

403 Die Knaben trugen, bis sie mit 17 Jahren erwachsen waren, eine *toga praetexta* mit Purpurstreifen; *ludus praetextatus* ist also Unterricht bei Grammatiker und (besonders) Rhetor.

404 Marcus Fabius Quintilianus (um 35–96 n. Chr.), unter Kaiser Vespasian (69–79) der erste staatlich besoldete Lehrer der Rhetorik in Rom und Verfasser der einflussreichen *Institutio oratoria*, galt als höchstes Vorbild eines Redners; Ausonius schließt seine Professorenkollegen an diese Ehre an. Die Rhetoriklehrer in Trier genossen Vorteile an Rang und Einkünften, besonders seit dem Edikt des Kaisers Gratianus von 376 (*Codex Theodosianus* 13,3,11).

405 Den nächsthöheren Rang nehmen die Provinzstatthalter (*rectores provinciarum*) ein, die Inhaber der Zivilgewalt und der Rechtsprechung sind (daher Tribunal und Beil genannt). Die Beile sind Bestandteil der *fasces*, der römischen Magistraten von Liktoren vorangetragenen Rutenbündel als Zeichen der Strafgewalt, die hier aber nie zu Unrecht geführt werden.

407 ff. Noch ein höherer Rang: Es gab damals vier große Reichsteile unter je einem *praefectus praetorio*. Diese vier Teile waren in sogenannte Diözesen unterteilt, an deren Spitze ein *vicarius* (*praefecturae*) stand, der seinen *praefectus praetorio* vertrat; diese *vicarii* sind hier gemeint, *titulo secundo*, weil sie dem Diözesenverwalter unterstanden. Ausonius spielt hier wohl auf geborene Belger in hohen Ämtern an; der *vicarius Italiae* ist vielleicht Cataphronius, der 370 dieses Amt bekleidete und mit der Tante des Ausonius verwandt war.

409 ff. Vielleicht ist hier Sextus Anicius Petronius Probus gemeint, der 368–376 *praefectus praetorio* für Italien, Illyrien und 371 Konsul war und an den Ausonius einen Brief (XII) richtete, der unseren Versen entspricht (*si vita suppetet, aliquid rerum tuarum expediam ... senati praesulem, praefectum eundem et consulem*); wenn das Glück erst jetzt seinen Irrtum berichtigt, bezieht sich dies wohl auf die (eher späte) Erteilung der Konsulatswürde an Probus im Jahre 371. »Probus vereinigt also den höchsten Titel eines Privatmannes ... mit der weitreichenden Macht seiner Praefectur; man darf ihn schon deshalb *par primis*, den Herrschern gleich, nennen, mit um so größerm Recht [...], da Probus mit dem Kaiser Gratian das Consulat

teilt« (Hosius, *Ausonius. Die Moselgedichte*, S. 21). So datiert sich die *Mosella* auf die Jahre 370/371.

414 Der Wunsch, dass die Enkel eines edlen Stammes wieder Ehren erlangen, ist vielleicht damit zu erklären, dass Probus mütterlicherseits zu den *Anicii* gehörte, die im 4. Jh. im Mannesstamme ausstarben. – Erneuter Hinweis auf Symmetrie des Gedichtes, die zur Beendigung (*detexatur*) des Werkes mahnt.

417 *sacremus: sacrare* bedeutet hier wohl ›weihend übergeben, hinführen‹. Die Mosel wird durch die Vereinigung mit dem Rhein sozusagen geheiligt.

Abschluss. Die Mosel unter anderen Flüssen (418–483)

Die Mosel als Weihegeschenk für den Rhein (418–437)

418 ff. Die Mosel wird nun an weitere Flüsse und damit (zumindest) an die Nordhälfte des Römerreiches angeschlossen. – Der Rhein breitet sein Gewand aus, um die Fluten der Mosel aufzunehmen. – *hyalus* ist das Glas, dann dessen grünliche Farbe.

419 Auch in der Wirklichkeit verbreitert sich das Bett des Rheins unterhalb von Koblenz.

420 Die Flüsse sind Söhne des Meeres (vgl. 358).

421 Die Mosel bringt dem Rhein von Trier aus (*augustae . . . urbis*; vgl. Colonia Augusta Treverorum) als Geschenk Sieg und Triumph Valentinianus I. und seines Sohnes Gratianus über die Alemannen am Neckar (*Nicer*) und bei Ladenburg (*Lupodunum*) in den Jahren 368/369 mit.

424 Die Donauquelle war bereits bekannt; Ausonius will sagen, dass Valentinianus I. zuerst den römischen Waffenruhm an die Donauquelle getragen hat. Den Gedanken vom dortigen Sieg und vom Fluss, der den Ruhm weiterträgt, verwendet Ausonius auch in seinen Epigrammen 28 und 31.

425 Der Brief vom Sieg (*litterae laureatae*) ist mit einem Lorbeerzweig geschmückt; vgl. Plinius, *Naturgeschichte* 15,133: (*laurus*) *Romanis . . . victoriarum nuntia additur litteris.*

428 Der Rhein hat nicht den Verlust seines Ruhmes und Namens an die Mosel zu befürchten.

432 *divortia* bedeutet eigentlich Scheidung, hier die Trennung des Flusses in Rhein und Waal, die man schon im 1. Jh. v. Chr. kannte.

434 f. Erst die Verstärkung durch die Mosel (*vires*, der Zuwachs an Gewässern) bewirkt, dass der Rhein eine wirkliche Grenze gegen die Germanen bilden kann. Von diesen siedelten damals die Franken zwischen Rhein, Lahn und Lippe; die Chamaver an der Waal und der Insel an der Flussmündung. Seit Aurelianus (Kaiser 270–275) hatten die Römer mit Franken und Sachsen zu kämpfen; zum Schutz gegen die Germanen ließ Valentinianus I. (besonders 369) zahlreiche Befestigungen am linken Rheinufer anlegen, vertraute also nicht nur auf den Fluss.

436 Der Rhein ist nun ein zweifacher (Doppel-)Strom geworden; *bicornis* heißt er seit Vergil, *Aeneis* 8,727. Flussgötter wurden (nach griechischem Vorbild) in Stiergestalt gedacht; Darstellungen mit Hörnern sind in der bildenden Kunst erhalten. Hier ist aber wohl mitgemeint, dass der Rhein zwei Mündungsarme hat.

Der Dichter. Versprechen größeren Preisliedes für die Mosel (438–468)

438 ff. Antike Autoren nennen seit Theognis gerne am Schluss einer Arbeit ihren Namen und »siegeln« so das Werk (Sphragis = Siegel). Ausonius ahmt besonders Vergil, *Georgica* 4,559 ff. nach; er rechnet sich zu den *Bituriges Vivisci*, die an der Mündung der Garonne wohnen.

439 *non per nova foedera* bedeutet entweder, dass der Dichter, der schon sechs Jahre in Trier lebt, durch alte Freundschaftsbande mit den Bewohnern verknüpft ist, oder (wenig wahrscheinlich) dass sein Großvater mütterlicherseits aus altem Häduerland stammt.

440 Der Name Ausonius ist wirklich latinischer Herkunft, abgeleitet vom oskischen Stamm der Ausones = Aurunci; später bedeutete der Name Ausoner (eher dichterisch) alle Italiker. Er selbst, betont der Dichter, ist aber Gallier.

441 Gallier bedeutet hier die Bewohner von Mittelfrankreich bis zur Garonne. Der Name Ausonius taucht auch auf einem in Köln gefundenen Gürtelbeschlag auf (*Ausoni vivas* ›Ausonius, du sollst leben‹).

442 *Aquitanica* (*terra*) bezeichnet (im Unterschied zur Diözese Aquitania) die Provinz Aquitanien, das Land zwischen Garonne und Pyrenäen (441 poetisch: *Pyrene*). Pyrene, eine Geliebte des Hercules, war in den dortigen Bergen begraben.

443 *fide: fides* ›Saite‹, dann ›Saitenspiel‹; vgl. 391: *chelys. – exigua fide* ›mit schwachem Saitenspiel‹.

444 *tenui* ist (auch sonst üblicher) Bescheidenheitsausdruck für die eigene Dichtung.

447 *Aonidum: Aonides* heißen die Musen nach Aonien (= Böotien), wo auch die den Musen heilige Quelle Aganippe am Dichterberg Helikon liegt. Aus voller Quelle (*tota Aganippe*) will Ausonius später trinken im Gegensatz zum jetzigen *tenue libamen*.

448 ff. Ausonius verspricht, im Ruhestand die Mosel noch ausführlicher zu preisen; vgl. 392 f. (ob nur ein Gedicht gemeint ist?).

449 Alterssitz des Ausonius war die Landvilla, die er bei Bordeaux von seinem Vater ererbt hatte. Zum Ausdruck vgl. Plinius, *Epistulae* 6,10,1: *senectutis suae nidulum.*

450 f. Ausonius spricht von Valentinianus I. und seinen Söhnen Gratianus und Valentinianus II. (geb. 371 n. Chr.).

451 Ausonius schildert seinen *cursus honorum* (»Karriere«) und erbittet sich die Ehre des Konsulates, das er 379 auch erhielt. *Sella curulis* heißt der Amtssessel des Konsuls. Es kann aber auch sein, dass Ausonius (bescheidener) den Titel *Consularis* anstrebt oder schon besitzt (*adlectio inter consulares*), auf den er als Prinzenerzieher Anspruch hatte. Der Ausdruck *fascibus Ausoniis* spielt wohl mit dem Namen des Dichters.

453 »Arktisch« (nach Arktos = der große Bär), nördlich, erscheint ihm die Mosel von Bordeaux aus; allerdings bezeichnet das Wort allgemein die Länder jenseits der Alpen.

454 Vgl. Vergil, *Georgica* 2,155: *adde tot urbes.* Wieder ist anspielend das Moseltal mit Italien verglichen. Aus der späteren Antike bekannt sind an der Mosel die Städte Toul, Charpeigne, Pont à Mousson, Trier, Neumagen, Bernkastel, Karden, Koblenz, Metz, Gondorf, Konz u. a.

456 f. Der Dichter denkt an die Kastelle, die zum Schutz gegen Feinde dienten, nun aber, da die Grenze vorgeschoben ist, als Vorratshäuser (wohl für Naturalsteuern) Verwendung finden. Trier nennt er (*Ordo urbium nobilium* 30) *pacis in mediae gremio secura*, doch war die Stadt fünfzig Jahre danach schon viermal verwüstet.

458 Kolonen hatte man in dünn besiedelte Gebiete schon vor Diokletian, unter Konstantin und vielen seiner Nachfolger verpflanzt.
460 Der Vers ist wörtlich aus Vergil, *Aeneis* 8,63 übernommen, ebenso *hominumque boumque labores* in 459 aus Vergil, *Georgica* 1,118.
461 Die Mosel übertrifft selbst die Ströme der Heimat des Ausonius, mit Ausnahme der *Garunna* (Garonne); es sind *Liger* (Loire), *Axona* (Aisne), *Matrona* (Marne), *Carantonus* (Charente; mündet nördlich der Gironde-Mündung), *Duranius* (Dordogne, rechter Nebenfluss der Garonne), *Tarnes* (Tarn), *Aturrus* (Adour), *Druna* (Drôme; linker Nebenfluss der Rhône), *Druentia* (Durance; mündet bei Avignon, Beschreibung bei Livius 21,31,10), *Rhodanus* (Rhône).
463 *Santonico . . . aestu:* Saintonge ist das Land zwischen Gironde und Charente.
464 Der *mons gelidus* ist der Mont Dore (*Duranus*), der höchste Berg im Innern von Frankreich.
468 Zu *nomine adorato* vgl. Claudianus 10,278: *nomen adorabunt.* – Die Tarbeller wohnen nördlich der Pyrenäen am Golf von Biskaya, in den der Adour mündet. Die Mutter des Ausonius war Tochter einer Tarbellerin.

Epilog. Erneuter Preis der Mosel (469–483)

469 Flussgötter tragen vielfach Hörner an der Stirn; vgl. zu 437. – Die Mosel soll nicht nur in ihrem eigenen Land besungen werden, sondern überall, wo Dichtung und besonders die des Ausonius in Ehren steht.
470 *fonte superno:* mit hoch gelegener Quelle; die Mosel entspringt in den südwestlichen Vogesen.
471 Vgl. 437: *corniger* und Vergil, *Georgica* 4,371 f.
472 Durch die Windungen des Stromes werden auch die Grenzlinien der Fluren gekrümmt.
473 Gemeint ist die Mündung der Mosel in den Rhein; *portus* bedeutet hier wohl nur die Einmündung am »Deutschen Eck«.
474 *tenui:* wie 444 gebraucht. *Camena* ist (seit Livius Andronicus) die römische Bezeichnung für Muse, Sang; sonst sind Camenen auch italische Quellgottheiten.

476 Die Mosel wird durch die *Mosella* bei den Menschen berühmt werden; vgl. Symmachus an Ausonius: *volitat tuus Mosella per manus sinusque multorum.*

478 ff. Auch die Rhône und ihre Nebenflüsse sollen die Mosel preisen; vgl. 461 ff. – *veteres . . . luci:* Vielleicht denkt Ausonius an alte heilige Haine.

480 f. Als Alpenfluss ist hier eigentlich nur die Isère denkbar. – Die doppelte Stadt ist *Arelate* (Arles), die an beiden Ufern der Rhône gebaut war. Kaiser Konstantin hatte die Stadt geschmückt.

Nachwort

Ausonius: Zeit, Leben, Werk

Der Dichter Ausonius lebte in der Zeit des ausgehenden Römischen Reiches, die – trotz der Verlegung der Reichshauptstadt in den Osten – immer noch beherrscht wird durch das Festhalten am Lateinischen als Reichssprache und durch das Fortwirken der griechisch-römischen Kultur. Die Kaiser Diokletian (284–305) und Konstantin (306–337) hatten nach den Germanenstürmen des Jahres 275 den Neubau des Staates errichtet und das Kaisertum (Prinzipat) zur absoluten Monarchie (Dominat) umgestaltet; der Kaiser, geschmückt mit dem Diadem, wurde nun als Gottkaiser verehrt. Das Christentum änderte hier wenig; auch christliche Kaiser blieben gottähnlich und beherrschten Staat und Kirche zugleich.

Die Verwaltung des Reichs wurde den Kaisern durch Teilung in eine östliche und westliche Hälfte erleichtert, später durch weitere Teilung der Hälften. Rom war nur mehr ideell Hauptstadt; die Machtzentren verlagerten sich – schon wegen des dauernden Zweifrontenkrieges in Ost und West – an die Peripherie.

Die absoluten Monarchen stützten sich auf eine ausgebildete Beamtenhierarchie, an deren Spitze ein Ministerkabinett stand, zu dem etwa der *quaestor sacri palatii* (Justizminister) oder der *comes sacrarum largitionum* (Finanzminister) gehörten.

Diokletians Tetrarchie (Vierherrschaft) blieb bestehen in vier großen Verwaltungsbezirken (*praefecturae*), die je ein *praefectus praetorio* leitete. Die Präfekturen zerfielen in Diözesen (geleitet von *vicarii*), die Diözesen in Provinzen (geleitet von *praesides*).

Die Belastung des Staatshaushaltes, besonders durch Kriege, führte damals zu schwerer steuerlicher Überlastung von Grund und Boden und der arbeitenden Bevölkerung. Auch Besitzende waren schwer betroffen, weil man sie für das Steuersoll der Region haftbar machte. So entstand ein Kasten-Staat, dessen Bürger zu Lastenträgern in ihrem Kreis wurden, an den sie durch Geburt gebunden waren.

Anfangs (unter Galerius, 305–311) gelang es noch, die Perser im Osten zurückzudrängen und die Rhein- und Donaugrenze neu zu befestigen. Im Innern erhielt das Christentum durch Konstantin Gleichberechtigung mit dem Heidentum; Kaiser Constantius (337–361) drängte durch das Edikt von 353 das Heidentum noch mehr zurück und ließ die Göttertempel schließen.

Kaiser Iulianus (361–363) sicherte durch seinen Sieg über die Alemannen bei Straßburg (357) die Rheingrenze neu, suchte auch das Heidentum noch einmal aufzurichten. Kaiser Iovianus (363–364) gab Land im Osten preis und gewann dadurch Ruhe an der Ostgrenze.

Kaiser Valentinianus I. (364–375) ernannte seinen Bruder Valens (364–378) zum Mitregenten, behielt aber selbst die Oberherrschaft; um eine Erbmonarchie zu schaffen, ernannte er schon 367 seinen achtjährigen Sohn Gratianus zum Augustus. Valentinianus I. war zwar unbeherrscht und grausam, erwies sich aber als fähiger, tatkräftiger Herrscher, der das Reich neu festigte und besonders die Grenze zu Germanien sicherte.

Als Valentinianus I. starb, erhob Gratianus (376–383) seinen jüngeren Bruder Valentinianus II. zum Mitherrscher, während Theodosius I. (379–395) den Osten beherrschte. Doch verlor Gratianus bald die Gunst des Volkes und wurde in Lyon vom Militär getötet (383); Valentinianus II. (375–392) wurde 392 von dem Franken Arbogast ermordet. So kündigte sich der bevorstehende Fall der weströmischen Herrschaft an.

Es wäre falsch, das vierte nachchristliche Jahrhundert als Zeit geistigen Niederganges anzusehen. Im Gegenteil: Römische Kultur und Literatur erlebten ihre letzte Blüte. Die erstarkende christliche Bewegung bediente sich der Schriftsprache des Westens als mächtiger Waffe und belebte die lateinische Literatur mit Gehalt und Geist einer neuen Weltanschauung. Auch strebten christliche wie heidnische Schriftsteller danach, das überkommene Geisteserbe sich ganz anzueignen und zu nutzen; sie bieten also, bei oft souveräner Eigenständigkeit, einen klassizistischen Grundzug. Zudem gewinnen die Schriftsteller an gesellschaftlichem Rang. Augustinus (354–430) überragt das gesamte Geistesleben durch seine philosophisch-religiöse Ideenwelt. Die Hymnen und Lehrgedichte des Spaniers Prudentius (etwa 348–410) stehen über den Werken aller spätrömischen Dichter. Claudius Claudianus (etwa 375 bis etwa 404) erneuert den Glanz des ovidischen Verses und gilt als letzter römischer Dichter. Q. Aurelius Symmachus (etwa 345–405) war ein bedeutender Redner und Briefschreiber; von seinen »Berichten« ist der dritte berühmt, in dem er Kaiser Valentinianus II. – vergeblich – um Erhaltung des römischen Altars der Victoria und um Duldung des Heidentums bittet. Eher ins 5. Jahrhundert gehört der Redner und Briefautor Paulinus aus Burdigala (Bordeaux), Schüler und Freund des Ausonius, der überzeugter Christ und Bischof von Nola wurde. In diese politische und geistige Umgebung gehört auch Ausonius.

Decimus Magnus Ausonius ist im ersten Jahrzehnt des vierten nachchristlichen Jahrhunderts in Burdigala im aquitanischen Gallien geboren, wohin sein Vater, ein vorzüglicher, auch literarisch bewanderter Arzt, gezogen war. Die Mutter des Ausonius entstammte einer vornehmen sequanischen Familie, ihr Vater, der Großvater des Dichters, hatte seinem Enkel aus dem Stand der Gestirne einen glänzenden Lebenslauf vorausgesagt.

Ausonius wurde sorgfältig erzogen und ausgebildet und berichtet darüber in seinen *Parentalia*, dreißig Gedichten auf verstorbene Familienmitglieder; der Titel ist von einem alten Totenfest, unserem Allerheiligenfest vergleichbar, genommen. Von seinem weiteren Studium erzählt er in Gedichten über die Professoren von Burdigala (*Commemoratio professorum Burdigalensium*). Etwa ab 320 genoss er in Tolosa (Toulouse) den Unterricht des Rhetors Arborius, eines Onkels, der mit seinem Schüler hochzufrieden war.

Mit etwa dreißig Jahren trat Ausonius – wieder im geliebten Burdigala – als Anwalt, dann als Grammatiker und später als Rhetor auf; er heiratete die Tochter eines angesehenen Senators und hatte drei Kinder, doch starb die Mutter bereits mit 28 Jahren. Ausonius betrauerte sie lebenslang, heiratete auch nicht wieder. Er wirkte in Burdigala rund 30 Jahre als angesehener Lehrer und Vermittler der lateinischen Literatur. Gallische Redekunst genoss damals hohes Ansehen. Als Kaiser Valentinianus I. 364 den Thron bestieg und drei Jahre danach seinen achtjährigen Sohn Flavius Gratianus zum Augustus ernannte, wurde der berühmte Lehrer Ausonius als Erzieher dieses Gratianus in den Kaiserpalast nach Trier berufen (etwa 365) und begleitete 368 den Kaiser und seinen Zögling im Feldzug gegen die Alemannen an den Neckar. Den Triumph von Vater und Sohn erwähnt er in der *Mosella* (V. 422). Damals schenkte der Kaiser dem Dichter das gefangene Schwabenmädchen Bissula, das Ausonius in mehreren Gedichten besang.

Im Jahr 369 lernte Ausonius am Kaiserhof auch Q. Aurelius Symmachus kennen, den bedeutendsten Vertreter des Heidentums; beide blieben in brieflicher Verbindung. Zu dieser Zeit gab Valentinianus I. dem Dichter auch Auftrag zu einem *Cento nuptialis*, der Beschreibung einer Hochzeit bis ins intimste Detail in 131 Hexametern, die Vergils Werken entnommen und in neuem Zusammenhang verwendet waren (*cento*: Flickenteppich); wie gut Ausonius Vergil kannte, beweist seine Mitteilung, er habe zum Ganzen nur etwa zwei Tage gebraucht.

Damals verfasste Ausonius aber auch *Versus paschales* für den Kaiser, ein feierliches christliches Ostergebet für das Kaiserhaus, ebenso ein Rätselgedicht (*Griphus*) über die heilige Zahl Drei. Um 371 schrieb Ausonius auch die *Mosella*.

Daneben begann die politische Laufbahn des Prinzenerziehers. Noch unter Valentinianus I. (gest. 375) wurde Ausonius zum *comes* (370) und 375 zum *quaestor sacri palatii* (Leiter der kaiserlichen Kanzlei) ernannt. Nach dem Tod des Kaisers riet Ausonius seinem Schüler Gratianus, einer höchst schätzbaren Herrscherpersönlichkeit, zu einem humanen Regierungsstil; dieser erließ den Städten ihre drückenden Schulden, erhöhte auch die Gehälter der Grammatiker und Rhetoren und war anfangs wegen seiner Tapferkeit und Milde sehr beliebt.

Schließlich wurde die halbe Familie des Ausonius in hohe Ämter berufen und verwaltete geradezu die Westhälfte des Imperiums. Er selbst wurde (wohl 378) *praefectus praetorio* für Gallien und 379 sogar *consul*. Die Dankrede (*Gratiarum actio; Panegyricus*) an Gratianus trug er wohl in der Trierer Basilica vor. Etwa 380 reiste Ausonius nach Burdigala, um das väterliche Erbe anzutreten, worüber sein Gedicht *De herediolo* berichtet.

Über das Ergehen des Ausonius nach dem Konsulat besitzen wir wenig zuverlässige Nachrichten. Er blieb wohl bis zur Ermordung seines Zöglings Gratianus (383) in Trier und hielt sich bis zur Hinrichtung des Aufrührers Maximus (388) verborgen. Kaiser Theodosius I. schätzte den Lehrer seines Mitkaisers und sandte ihm 390 sogar ein Handschreiben, in dem er die Zusendung seiner Schriften erbat und ihn geradezu mit Vergil verglich.

Dann zog sich Ausonius nach Burdigala zurück, wo er noch einige Jahre lebte. In einem Brief an seinen Schüler und Freund Paulinus erzählt er von seinem Landgut, das noch im hohen Alter seine Freude war (vgl. das Gedicht *Ausonii villula*).

Im Alter verfasste Ausonius Epigramme auf die Helden des Trojanischen Krieges (*Epitaphia heroum, qui bello Troico interfuerunt*), einen Geburtstagsglückwunsch (*Genethliacus*) für seinen Enkel und eine Beschreibung seines Tageslaufes (*Ephemeris*). Ein Wegweiser (*Liber protrepticus*) für seinen Enkel mahnt zu Fleiß und Gehorsam und empfiehlt lesenswerte Literatur. Ins Jahr 388 gehören Gedichte über die zwanzig bedeutendsten Städte des römischen Reiches (*Ordo urbium nobilium*).

Weitere Werke, zumeist schon in den fruchtbaren zwanzig Jahren in Trier entstanden, sind: *Technopaegnion*, ein formal-spielerisches Kunstgedicht; *Ludus septem sapientium*, ein Stück, in dem die sieben alten Weisen jeweils mit ihrem bekanntesten Ausspruch auftreten; *Cupido cruciatus* (Amor am Kreuze), Beschreibung eines Trierer Wandgemäldes, das darstellte, wie Amor für seine Streiche von Heroinen der Vorzeit bestraft, am Ende aber freigelassen wird. Im Jahr 383 vereinigte der Dichter seine Werke vielleicht zu einer Gesamtausgabe.

Ausonius hatte 378 die Ernennung seines Freundes Pontius Paulinus zum Konsul bewirkt. Paulinus heiratete danach eine Christin, ließ sich taufen und zog sich 389 nach Spanien zurück, wo er asketisch lebte. Ausonius versuchte, den Freund von seinem vermeintlichen Irrweg abzubringen, doch antwortete dieser, er sei nun ein anderer Mensch geworden. Ausonius litt an der Wandlung des Freundes und schließlich am Ende der Freundschaft.

Überhaupt lagen Ausonius christliche Themen wenig. Er war zwar Christ, doch zu Hause fühlte er sich als Dichter im heidnischen Götterhimmel und in den Klassikern, bei denen er Anmut und Schönheit fand, und vielleicht hatte ihn gerade diese Zurückhaltung in Fragen der christlichen Religion als Prinzenerzieher empfohlen. Die spätere Wendung des Kaisers Gratianus zum Christentum unter dem Einfluss des Bischofs Ambrosius von Mailand (etwa ab 378) könnte eine Entfremdung zwischen Ausonius und seinem früheren Zögling herbeigeführt haben. Gratianus verlegte auch seine Residenz nach Mailand. Damals war das Christentum an Rhein und Mosel weit verbreitet; in Trier wurde unter Gratianus eine der ersten christlichen Kirchen Deutschlands erbaut.

Das Moselgebiet und Trier in der Spätantike

Das Moselgebiet hatte sich im 2. Jh. n. Chr. zu hoher Blüte entfaltet und war Versorgungszone der römischen Rheinarmee geworden. Neben Getreidefeldern legte man im Lande Obstgärten an und bebaute nahezu alle Moselhänge mit Wein, und zwar in engen Zeilen, fast ohne Zwischenraum. Schafherden sorgten für Wolle. In Trier (Augusta Treverorum) entstanden Webereien und Gerbereien für das Militär; auch gab es zahlreiche Metall-, Glas- und Töpferwerkstätten, und besonders der Großhandel mit Wein und Öl auf Rhein und Mosel brachte Geld in die Stadt. Die bekannte Igeler Säule, Grabmal der Secundinier-Familie um 250 n. Chr., gibt ein schönes Zeugnis für Handel und Wandel in jener Zeit. Auch künden zahlreiche Reste großer Villen vom damaligen Wohlstand im Moseltal. Man fand auch Reste eines großen (wohl kaiserlichen) Gestütes, ebenso einen vermutlichen Landsitz Valentinians I., das »Schloss« in Pfalzel (Palatiolum). Gerade die Villen des Moseltales beschreibt Ausonius, wobei sich Prachtvillen (wie Nennig, Fließem, Konz) und Meiereien eher durch ihren Umfang, nicht aber im Typ unterscheiden. Überall findet sich ein rechteckiges Grundschema. Von südlichen Häusern unterscheiden sie sich durch das Fehlen eines Atriums.

Die erste Erschütterung erfuhren Landschaft und Stadt durch den Alemanneneinfall von 259/260; in dessen Folge wurde Trier kaiserliche Residenzstadt, Hauptort für Gallien, Flottenstützpunkt und befestigte Metropole. So erholten sich Landschaft und Vorort. Ab 293 war Trier fortwährend Kaiserresidenz, Verwaltungszentrum, Universitätsstadt und Bischofssitz. Die Belgier, vor allem die Treverer, nützten die Möglichkeiten, die ihnen die Hauptstadt zum Aufstieg in Spitzenämter bot. Auch wurde die Stadt mit großartigen Bädern geschmückt und konnte sich mit jeder anderen Kaiserresidenz messen. Trier besaß sogar eine kaiserliche Münzstätte, zog auch viele Künstler und Kunsthandwerker an, besonders Mosaikkünstler und Glashersteller.

Doch litt die Bevölkerung damals doppelt: Einmal durch wiederholte Einfälle der Germanen, besonders aber durch erbarmungslosen Steuerdruck. Die Kleinbauern gerieten in die Knechtschaft der Großgrundbesitzer und wanderten teilweise aus. Um die Verödung des Landes zu verhindern, siedelte man dafür an die Scholle gebundene Wehrbauern (*glaebae adscripti*; *laeti*) an, zumeist unterworfene Germanen. In den Städten sah es nicht viel besser aus; hier hafteten erbliche Gemeinderäte für die aufzubringende Steuersumme, verarmten in Notzeiten rasch und ließen oft alle Habe im Stich, um der finanziellen Last, ja leiblicher Bedrohung zu entgehen. Ebenso hafteten Mitglieder von Handwerkergilden gemeinsam für die drückenden, mit äußerster Härte eingetriebenen Steuern. Kaiser Valentinianus I. brachte Gallien noch einmal einen Aufschwung, änderte freilich nichts Grundsätzliches an der ruinösen Steuerpolitik.

In Trier stand es wegen der einträglichen Heereslieferungen vielleicht ein wenig besser. Die Thermen wurden nach 350 umgebaut; der Mittelbau des heutigen Domes stammt aus derselben Zeit. Eine Rhetorenschule (Universität) belebte die Stadt, auch eine Werkstätte für luxuriösen Glasschmuck ist nachgewiesen.

Das Christentum, 314 bereits von Bischof Agritius in Trier kraftvoll vertreten, erstarkt im 4. Jahrhundert. Der Kirchenvater Ambrosius ist in Trier geboren, Hieronymus fasste hier den Entschluss, Priester zu werden, Augustinus weilte dort. Nach 400 freilich verlor Trier seine Bedeutung, wurde mehrfach von Franken geplündert und ging 460 in deren Besitz über.

Die Mosella

Ausonius nannte sein Gedicht, das er um 371 verfasste, *Mosella*, und so führen es sein Zeitgenosse Symmachus und die Handschriften an. Dabei schwankt der Dichter, ob der Fluss männlich oder weiblich ist; er schildert ihn nach römischen

Bildern und lateinischer Grammatik als Flussgott mit goldenen Hörnern (469) und als Bruder des Rheins, nennt ihn aber nach keltischem Brauch (wie Matrona oder Garunna) auch Herrin (467) und göttliche Mosel (*dia*, 374).

Der Dichter beschreibt eingangs den Weg, den er – wohl in Begleitung und vor Überfällen geschützt – von Bingen bis Neumagen zurücklegt, und schildert, wie ihm nach den düsteren Wäldern des Hunsrücks das helle Moseltal wie ein Elysium erscheint; dabei verwendet er Ausdrücke aus Vergils *Aeneis*, die die Ankunft des Äneas im Elysium schildern, so dass sich der Eingang des Gedichts wie eine Enthüllung (Initiation) liest (vgl. auch Apuleius, *Metamorphosen* 11,23,5–7), wie eine Neugeburt im Moseltal, wobei freilich die historische Wirklichkeit nicht so heiter aussah.

Man meinte schon, die *Mosella* sei eine vom Kaiser bestellte Arbeit, um dessen Politik bei den Gebildeten zu empfehlen; doch hätte Ausonius dies – wie auch sonst – erwähnt. Sein Thema ist und bleibt der Preis der Mosel, und so verstand ihn auch sein Zeitgenosse Symmachus.

Nun schildert Ausonius die Natur der Mosel, Schönheit und Vorzüge des fast göttlichen Flusses, preist den Reichtum seiner Fischwelt, die Weinberge, die lustigen Winzer. Die heitere Lebenslust gipfelt in der Vorstellung am Flusse spielender Gottheiten. Dieses Empfinden der Naturschönheit ist kein Gemeinplatz, sondern enthüllt die Natur der Mosel als göttliche Manifestation (12 ff.) und als erhebendes Schauspiel. Die Klarheit des Wassers unterstreicht den Eindruck; die Spiegelung (189 ff.) zieht den Betrachter beinahe in den Fluss hinein, macht ihn fast zum Bestandteil der Landschaft. Die Landschaft dieser Heimatpoesie ist geordnet und bebaut; Mensch und Natur stehen in Einklang. Die Frage freilich, ob für Ausonius auch ein Gegensatz zwischen Natur und Mensch besteht, ist noch zu klären.

Im zweiten Werkteil weitet Ausonius den Preis der Mosel aus und beschreibt die Kultur am Fluss und in seinem Einzugsgebiet. Hier liegt der zweite Akzent des Werkes: In der schönen Natur entfaltet sich eine großartige Zivilisation. Die Mosellandschaft ist Schauplatz gallo-römischer, ja griechisch-römischer Kultur und zeugt von der Leistung der dortigen Menschen, die tüchtige Arbeit (*labor*) leisten, aber auch die Muße (*otium*) kultiviert genießen. Sie verkörpern geradezu die Tugenden von Cato und Aristides (386 ff.). Dass Ausonius das ganze Belgerland einbezieht, beweisen auch seine Hinweise auf die Garonne.

Durch ein geschicktes System dichterischer Entlehnungen und literarischer Anspielungen (besonders auf Vergils *Georgica*) erweckt der Dichter auch den Eindruck, das Moselgebiet sei die Wiederholung von Vergils idealem Italien, ja schließlich Abbild eines saturnischen Ur-Landes (vgl. besonders 381 mit Vergil, *Georgica* 2,173). Die Moselvillen könnten von griechischen Architekten erbaut sein, übertragen römische Urbanität nach Gallien.

Dabei preist Ausonius seine Zeit, in der aus Festungen Vorratshäuser geworden sind (457), lobt also überzeugt die geordneten Zustände des römischen Imperiums und die friedenssichernde Leistung seines Kaisers. Insofern hat sein Gedicht auch eine politische Tendenz und war für den Herrscher erfreulich zu lesen, schilderte Ausonius doch das Kunstwerk einer gelungenen Provinzialisierung und Friedensherrschaft. Vielleicht sollte die *Mosella* auch für Gratianus, den Zögling des Dichters, ein Bild wünschenswerter Politik für die Zukunft vorstellen, etwa eine erneuerte *pax Romana*. Der manchmal vermisste Bezug auf Roms damalige Gefährdung lag wohl in den düsteren Versen des Eingangs vor.

Für das literarische Genus der *Mosella* ist – entsprechend ihrem Inhalt – der Lobpreis (Enkomion) konstitutiv. Zwar beginnt das Gedicht mit einer Reisebeschreibung (*iter*), weist weiterhin Züge und Stil des Hymnus auf, ist auch mit Katalogdichtung und Idyllik angereichert, doch bleibt sein Grundmuster der Lobpreis des Flusses, wie ihn gelegentlich schon rhetorische Theorie empfohlen hatte. Vorbildlich im

Ganzen war wohl der Lobpreis des Landes Italien in Vergils *Georgica*; auch dort dienten Beschreibung und Panegyrik politischen und ethischen Zielen.

Insgesamt hat Ausonius unter Verwendung vieler literarischer Elemente ein neues, eigenständiges Werk geschaffen, den Preis eines Flusses und seiner Landschaft als Darstellung beglückender Natur und Frieden und Wohlstand schaffender Kultur.

Dass der Dichter die *Mosella* im Alter in erweiterter Form herausgeben wollte, ist nicht unmöglich; auch das Gedicht auf seinen Vater ist in zwei Fassungen erhalten.

Vorbilder

Ausonius war ein hochgebildeter Gelehrter, der die klassischen Autoren und manch anderes Werk der Literatur gegenwärtig und verfügbar hatte. Nicht selten übernimmt er halbe oder ganze Verse früherer Dichter, z. B. Vers 93 aus Ovids *Metamorphosen* 3,597. Vorwiegend die augusteischen Klassiker dienen ihm als Muster, besonders Vergil; schon der *Cento nuptialis* bewies, wie sehr der Dichter in dessen Werk zu Hause war. So stellen die Dichtungen des Ausonius voraussetzungsreiche, mosaikartige Arbeiten von hohem Raffinement dar, verlangt der Autor doch vom Leser, dass er würdigt, wie geschickt hier frühere Dichtung zur Erzeugung bestimmter Eindrücke herangezogen wird.

Neben Vergil verwendet Ausonius die Oden des Horaz, auch dessen Epoden und Sermonen. Ovid und Martial sind vielfach gegenwärtig, weiterhin Lucan. Fast so stark wie Vergil wirkt Statius ein, dessen *Silvae* mehrfach als Ausgangspunkt oder Vorbild dienen.

Zu diesen Mustern treten gelegentlich angezogene Dichter wie Ennius, Lucrez, Catull, Tibull, Properz, Silius Italicus (vgl. 173 mit Silius Italicus 14,363), Iuvencus, Nemesianus und andere.

Ausonius kennt auch Prosa-Autoren, so Cicero, Sallust, Varro, die Briefe des Plinius (vgl. 196 f. mit Plinius, *Epistulae* 8,8,4); auch griechische Prosaiker sind ihm bekannt, so Herodot oder Xenophon. Besser noch kennt er Homer und spätere griechische Dichtung. Ob er allerdings die Beschreibung der Spiegelung im Wasser alexandrinischer Dichtkunst (vgl. Theokrit 6,11.363) verdankt, ist schwer zu sagen.

Moderne Ausgaben weisen zu fast jedem Vers der *Mosella* Vorbilder nach und zeigen, dass der Text ein kunstvolles Gewebe überkommener Wendungen darstellt; man nannte das Gedicht schon *una singola reminiscenza* (Posani, S. 30), doch muss man auch sehen, dass jede Übernahme noch mögliche weitere Verwendungen der Sprache auslotet, dass der klassische Zusammenhang für die Darstellung fruchtbar gemacht, in beziehungsreichem Licht gezeigt und neu belebt wird. Das eindrucksvollste Beispiel aussagereicher Übernahme ist die Art, in der Ausonius zu Beginn der *Mosella* Vergils *Aeneis* aufruft; ebenso wirkungsvoll ist der Bezug auf den Lobpreis Italiens in Vergils *Georgica* (2,136 ff.), mithilfe dessen Ausonius seine Beschreibung des Moseltals anhebt (vgl. Vergil, *Georgica* 2,173 mit *Mosella* 23, 381); »dem Wortlaut nach vergleicht er die Mosel mit der Garonne, durch die Anklänge an Vergil vergleicht er das Moseltal mit Italien« (Görler, S. 161). Verwiesen sei noch auf *Mosella* 454 und Vergil, *Georgica* 3,30 oder auf die Beziehungen des Fischkatalogs bei Ausonius auf den Rebenkatalog Vergils (*Georgica* 2,89 ff.). Solche Übernahme, Umgestaltung, Einschmelzung klassischer Vorbilder galt als Beweis hoher Kunst, und der Dichter rechnet darauf, dass der Leser diese Fertigkeit zu schätzen weiß.

Ebenso geschickt gebraucht Ausonius bei der Beschreibung der Moselvillen (285 ff.) die Technik des Lobpreises (*laudatio*) in den *Silvae* des Statius (1,3,25 ff.); auch die reizende Nymphenszene (169 ff.) übernimmt er von Statius, *Silvae* 2,2,100 ff. Gerade die Formkunst dieses Dichters zog Ausonius an, doch war ihm auch die Darstellung kulturell-zivilisatorischer Errungenschaften in dessen *Silvae* wichtig.

Ausonius schloss sich aber auch ganzen Gattungen an. Dichterische Länderbeschreibungen, geographische Exkurse epischer Dichter boten ihm Vorbilder. Auch Hymnen vermittelten Anregungen, etwa der Homerische auf den delischen Apollon mit dem Gruß an Leto (14; vgl. *Mosella* 23) und der Selbstvorstellung des Dichters gegen Ende (165 ff.). Die Kataloge der *Mosella* knüpfen an eine bis zum Homerischen Schiffskatalog (*Ilias* 2,484 ff.) zurückreichende Tradition an. So gab es Flusskataloge seit der *Ilias* (12,19 ff.), Kallimachos hatte ein Werk über Flüsse verfasst, und wichtig waren die Flusskataloge in Ovids *Metamorphosen* (1,568 ff.; 2,242 ff. u. ö.) und – besonders – bei Lucan (2,405 ff.; 6,360 ff.). Vielleicht stellt der Fischkatalog bei Ausonius sogar eine Imitation der Heldenkataloge des großen Epos dar. Aber auch die Rhetorik kannte den Preis von Land- und Seetieren (Menander 332,13); Ovids *Halieutica* (*Über Fische und Fischfang*) waren Ausonius bekannt, und Anregung bot vielleicht auch Apuleius, der ein (verlorenes) Fischbuch verfasst hatte.

Ebenso gab es für die Beschreibung eines Flusses schon Vorbilder. Die griechisch-römische Rhetorik kannte den Lobpreis auf Länder, Berge, Städte, Flüsse (Hermogenes, *Progymnasmata* 7; 14,20 Rabe). Beim Lob eines Flusses pries man seinen Nutzen für die Städte, die Reinheit des Wassers, Schiffbarkeit und Fischreichtum. Schon der Censor Cato lobte in seinen *Origines* (Frg. 110 P.) einen Fluss als groß, schön, fischreich, folgte also einem Schema. Ebenso kannte Horaz (*Ars poetica* 17) eine Flussbeschreibung (*properantis aquae per amoenos ambitus agros*); Quintilian erwähnt die Beschreibung von Gegenden in Rede-Digressionen (*Institutio oratoria* 4,3,12).

Auch die Dichtung der Nachklassik bot Ausonius wohl Vorbilder, so der Dichter Tiberianus (um 330 n. Chr.; Migne, PL; ed. Aem. Baehrens, Leipzig 1881; 3,264), der dichtet: »Zwischen Wiesen zog ein Fluß hin, fließend in dem grünen Tal, / Lächelnd in dem Glanz der Kiesel, bunt von Blumen und von Gras. / Über ihm wuchs dunkler Lorbeer, wuchs der grüne Myrtenbaum, / Die mit schmeichlerischem Säuseln schüttelte ein sanfter Hauch« (F. Marx). Auch eine griechische Parallele mit »wasserüberfahrenden Schiffen, Tritonen in Wogen, süßfließendem Gewässer, Fahren auf lächelnden Wogen« findet sich (Oxyrhynchos-Papyri 3,72).

Zum Verständnis der *Mosella* ist noch an gleichzeitige Reisebeschreibungen (*peregrinationes*) zu erinnern, wie die der Silvia (*Ad loca sancta*). Poetische Reisebeschreibungen gab es aber schon zuvor; der Dichter Lucilius hatte in seinem *Iter Siculum* (um 120 v. Chr.) eine Reise nach Sizilien beschrieben, Horaz in seinem *Iter Brundisinum* (*Satiren* 1,5; *Reise nach Brindisi*) ein Gegenstück dazu verfasst.

Bei diesen Voraussetzungen schuf Ausonius in der *Mosella* ein neues, eigen-artiges Werk, das auf Überliefertem fußt, insgesamt aber ein großartig selbständiges Gebilde darstellt. Wir führen in den Anmerkungen besonders auffallende poetische Vorbilder an, verweisen aber im Übrigen auf die Nachweise in großen Ausgaben, etwa bei Sesto Prete.

Aufbau

Die Gliederung des *Mosel*-Gedichtes wurde mehrfach behandelt, wobei sich meist Übereinstimmung in der Festlegung einzelner Abschnitte ergab. Die *Mosella* besteht aus drei etwa gleich großen Hauptteilen, die von Eingang und Abschluss gerahmt sind, so dass folgende Gliederung entsteht:

Einleitung (1–22; 22 Verse); 1. Teil: Die Natur der Mosel (23–149; 126 Verse); 2. Teil: Leben an den Ufern und auf dem Fluss (150–282; 132 Verse); 3. Teil: Kultur an der Mosel (283–417; 134 Verse); Abschluss. Die Mosel unter anderen Flüssen (418–483; 65 Verse). Das ergibt einen einigermaßen harmonischen Aufbau im Hauptteil (126, 132, 134 Verse), wobei sich der Blick des Betrachters immer mehr weitet und vom Fluss auf das Umland und seine Kultur, ja fast auf die ganze römische Welt richtet.

Die Einzelteile sind in sich unterteilt, mit wirkungsvoll einleitenden oder abschließenden Höhepunkten (etwa Vergleichen oder Anreden, wie 23, 381) versehen und sorgsam mit anderen Abschnitten verknüpft. Oft nennt Ausonius an Nahtstellen den Titel seines Gedichtes (22, 73, 148 u. ö.) oder spricht von *amnis* oder *flumen*, umschreibt also den Titel (47, 188, 199 u. ö.).

Das Streben nach harmonischer Gliederung des Werkes lässt sich aus Angaben des Ausonius selbst erweisen. Er spricht gegen Ende öfters vom notwendigen Abschluss seines Gedichtes; einmal ruft er sich zur strengen Ordnung des Aufbaues (389 f.) und fragt, weshalb er im Lob der Mosel so weit abschweife, betont auch wiederholt, er wolle nun zum Ende kommen (414). Solche Hinweise machen den Leser auf die Kunst der Gliederung aufmerksam.

Wie sorgsam Ausonius auch Einzelteile gliedert, beweist der Fischkatalog mit acht Versen Einleitung (77 ff.), dann der Beschreibung von vier Fischen (in sechs Versen, 85–90) und einem Fisch (in sechs Versen, 91–96); dann folgt zweimal ein Fisch in neun Versen, zweimal je ein Fisch in fünf Versen, drei Fische in je einem Vers (125–127). Es folgen einmal drei und einmal vier Verse für je einen Fisch, dann neun Verse für einen Fisch (135–143) und sechs Verse Ausklang. Das ergibt folgende Zahlenreihe: 8–6–6–9–9–5–5–10–9–6, ohne dass der Leser die Künstlichkeit der Einteilung als störend empfände.

Kunstvoll ist auch der Architektenkatalog aufgebaut mit zwei Versen Einleitung (298 f.), fünf Versen für drei Architekten, sechs Versen für drei Baumeister (305–310), dann sieben Versen für einen Baumeister. Den Abschluss bilden drei Verse, deren letzter wieder zum Thema zurückführt, den Villen am Fluss (320). Das Zahlenspiel hat folgende Gestalt: 2–5–6–7–3.

Die früher geäußerte Ansicht, der *Mosella* fehle die letzte Feile, wird durch solche Feststellungen widerlegt. Trotz aller Kunst im Einzelnen ist aber die Komposition des Gedichtes so lebendig und lebhaft, dass man fast den Eindruck ungezwungener Plauderei erhält. Eben diese Verbindung hoher Gliederungskunst und vermeintlich lockerer Darstellung ist aber von Ausonius beabsichtigt, der sicher das Geschick hellenistischer Dichter in solchen Dingen vor Augen hatte.

Darstellung, Sprache, Stil

Ausonius zieht den Leser durch seine lebendige und anmutig-elegante Darstellung an. Bei mancher Künstlichkeit im Einzelnen spürt man überall die Zuneigung, die der Dichter der Mosel, dem Moseltal und seiner nationalen und kulturellen Heimat entgegenbringt. Dabei war es angesichts der Germanengefahr, einer gewissen werbenden Absicht und des Druckes, der am Hof zwangsläufig herrschte, für Ausonius nicht leicht, die gehobene Stimmung seines Preisliedes durchgehend aufrechtzuerhalten.

In ein überschaubares Ganzes sind geschickt einzelne Bilder eingefügt, oft wahre Glanzstücke (»una serie di minuti quadri«, Principato, S. 410). Diese Technik sich aneinanderreihender Einzelbilder hatte die römische Dichtung von hellenistischen Vorbildern übernommen. Ausonius hängt vielleicht mit der Freude am ausgemalten Detail auch von zeitgenössischer bildender Kunst ab; so könnten der Fischkatalog oder die Genreszene mit dem in den Spiegel blickenden Mädchen von Mosaik-Kunstwerken jener Zeit angeregt sein. Eigentümlich ist, dass in dem Gedicht eine Beschreibung von Menschen oder von Städten der Region fehlt, doch erklärt sich dies aus der besonderen Zuwendung des Dichters zur Natur und zur Mosel.

Wie alle Dichter der späteren Antike bewundert Ausonius die Werke der augusteischen Klassik, bezieht aber auch das gesamte literarische Erbe ein. Klassische und andere Reminiszenzen, sprachliche und metrische Kunst und gewandten Umgang mit allen Formen erwarteten damals die Leser und zollten der Kunst des Ausonius Anerkennung; erwähnt seien das Lob des Symmachus für die *Mosella* (vgl. den Brief S. 38 ff.) und der Preis des Dichters durch Kaiser Theodosius.

Wortwahl, Sprache und Stil folgen weitgehend klassischem Vorbild, was bei einem Literaturprofessor nicht verwundert. Wort-Neubildungen finden sich nur wenige in der *Mosella* (vielleicht *deiiugis, limigena, remipes, aquilogena*); gelegentlich sind seltene Wörter (wie *branchia* oder *speculatio*) verwendet. Auch weicht der Sinn der gebrauchten Worte nur selten vom überkommenen Gebrauch ab.

Der Stil ist fast immer klar und übersichtlich, besitzt Leben, Farbe und Eleganz und ist jedem Gegenstand gewachsen. Einfluss der Rhetorik zeigt sich in Alliterationen, Homoioteleuta, Chiasmen, Wortspielen usw. Auf ein rhetorisches Schema der Überbietung (287 ff.) weist E. R. Curtius (*Europäische Literatur und Lateinisches Mittelalter*, 2. Aufl., Bern 1954, S. 171) hin. Rhetorisch ist auch das sogenannte Summationsschema (27 ff.).

Ausonius schreibt elegante Hexameter. Die Zäsuren sind regelmäßig; Elisionen werden maßvoll gebraucht, mehrfache Elisionen in einem Vers gemieden. Die Versschlüsse weichen vom Üblichen nur ab, wenn eine bestimmte Wirkung erzielt werden soll.

So war Ausonius nicht nur der beste und fruchtbarste Dichter seiner Zeit, sondern auch einer der gewandtesten Stilisten der lateinischen Literatur überhaupt.

Nachleben. Überlieferung. Ausgaben. Übersetzungen

Die *Mosella* wurde sogleich weit verbreitet und wurde auch in Italien und Rom gelesen. Q. Aurelius Symmachus, Vorkämpfer des Heidentums und Freund des Ausonius, bekundete diesem in einem Brief seine Bewunderung für das

Werk (s. S. 38 ff.). Auch Paulinus von Nola, selbst ein Künstler der Form, verglich Ausonius mit Vergil (*Carmen* 11,38 ff.). Kaiser Theodosius (379–395) bat den Dichter um ein Exemplar seiner Werke und versicherte ihm, er sei den besten augusteischen Dichtern gleichzustellen.

Von den poetischen Briefen des Ausonius ist der Brief 20 zwischen dem tödlichen Anschlag auf Kaiser Gratianus in Lyon (383) und der Rückkehr des Ausonius von Trier nach Burdigala geschrieben. Der Brief ist wohl nicht endgültig geformt und wurde erst nach dem Tod des Dichters von seinem Sohn Hesperius in die Briefsammlung eingefügt. Ausonius beschreibt in 22 Hexametern, wie sein Sohn in den Tagen der Usurpation des Maxentius (*temporibus tyrannicis*) das gefährlich gewordene Trier auf dem Wasserweg verließ. Hier ist die Mosel – anders als in der *Mosella* – als kalt und träge fließend dargestellt (1: *egelidae stagnantia terga Mosellae*), auch als neidischer Strom (6: *invidus amnis*), der Vater und Sohn trennt. Ob aber wirklich eine Anti-*Mosella* vorliegt (Ternes, *Lyrisme*, S. 208), ist zweifelhaft.

Bischof Apollinaris Sidonius (430–488) rechnete Ausonius zu den größten Dichtern (*Epistulae* 4,14). Hundert Jahre nach Ausonius unternahm der bedeutendste lateinische Dichter der Merowingerzeit, Venantius Fortunatus (etwa 535 – etwa 600), Bischof von Poitiers, eine ähnliche Moselfahrt wie Ausonius und schilderte sie in dem Gedicht *Meine Schiffsreise* (*De navigio suo*). Allerdings hat er viel weniger Sinn für die Landschaft als Ausonius und endet sein Lied mit einem Festmahl an der Tafel des Königs (vgl. S. 46–53).

In späterer Zeit wurde wohl die Auseinandersetzung des Ausonius mit Paulinus von Nola über dessen Wendung zum Christentum als kirchenfeindlich verstanden und minderte die Aufnahmebereitschaft des Mittelalters für sein Werk.

Im 9. Jahrhundert übernahm der Mönch Ermenrich von Ellwangen die Verse 201–204 und 223–229 der *Mosella* in ein Gedicht. Walahfrid Strabo, Abt auf der Reichenau ab dem Jahre 838, kannte die *Mosella* ebenfalls.

Der Bericht des Ausonius über die schwebende Erzfigur (314 ff.) beflügelte im 12. Jahrhundert die Phantasie des Verfassers der *Gesta Trevirorum*, der von einem schwebenden Merkurbild in Trier fabelt, ebenso von einem ausgeführten Werk des Ausonius über seine Heimat.

Sonst war die *Mosella* im Mittelalter nahezu vergessen, wurde auch kaum zitiert und von niemandem nachgeahmt. Ausonius war kein »Klassiker« oder Schulautor, und die *Mosella* wurde erst durch die Ausgabe des Ugoleto (Parma 1499) und die folgenden Drucke bekannt. Erasmus von Rotterdam las vielfach in den Werken des Ausonius und zitiert häufig daraus in den *Adagiorum Collectanea* (zu Ausonius im Humanismus vgl. Ezquerra, in: Lossau, *Ausonius*, S. 462).

Der große Philologe und Kritiker Iulius Caesar Scaliger (1484–1558) lobte in seiner *Poetik* (Buch 6) die *Mosella* sehr; Ausonius habe sich mit ihr den Namen eines großen Dichters erworben. Sie offenbare große Kunst, sowohl im Aufbau wie in der Sprache. Viele Glanzstücke eines großen Talentes seien in ihr zu finden.

Über Nachahmungen der *Mosella* bei Alexander Pope ist in den Anmerkungen berichtet. Lessing, Goethe und Herder kannten Ausonius mehr oder weniger, doch entstand keine produktive Begegnung. Eine überraschende Parallele zum Flusskatalog des Ausonius findet sich in Clemens Brentanos *Märchen vom Rhein*, wo die Nebenflüsse des Mains selbst auftreten und sich in Liedern vorstellen; ob Brentano die Anregung dazu Ausonius verdankte, ist nicht zu entscheiden (s. C. Brentano, *Sämtliche Werke und Briefe*, Bd. 17: Prosa II, Stuttgart 1983, S. 160 ff.). – In den Jahren 1847 und 1897 ergingen in Trier zweimal Preisausschreiben für das beste Moselgedicht – sozusagen in der Nachfolge des Ausonius –, »wobei tausende von Liedern« eingingen. Einen Gedichtzyklus *Moselwanderung* verfasste später der Dichter Friedrich Georg Jünger. Erinnert sei auch an Rudolf G. Bindings *Moselfahrt aus Liebeskummer* (Frankfurt 1932).

Ein gutes Charakterbild des Dichters zeichnete Felix Dahn in seinem *Bissula*-Roman (1883). Im Jahr 1984 wurde in der Trierer Basilika die Komposition *Mosella* für Orgel, zwei Trompeten und drei Sprecher des Franzosen Claude Lefebvre (geb. 1931) aufgeführt, der besonders die Verse 381 ff. zugrunde legte. Auch ein Film zur *Mosella* wurde gedreht (unter Anleitung von Pierre Grimal).

Die Textüberlieferung der *Mosella* ist besonders schwierig. Vielleicht gab Ausonius seine gesamten Werke selbst zweimal heraus oder die zweite Ausgabe wurde durch seinen Sohn besorgt. Die *Mosella* war aber auch in Einzelausgaben verbreitet. Das Gedicht ist nur von wenigen Handschriften überliefert, die zwei Gruppen bilden. Die eine vertritt der *Codex Sangallensis* 899 saec. X. (G), der an einigen Stellen allein die originale Fassung bietet; die andere Gruppe bilden mehrere Handschriften des 10., 12., 15. Jahrhunderts, die auf eine nachlässig geschriebene Vorlage zurückgehen. Es sind der *Codex Bruxellensis* 5369/73 saec. XII. (B); ein *Vaticanus Reginae* 1650 saec. X. (V), unvollständig; *Codex Rhenaugiensis* LXII saec. XII (R) und andere. Diese Handschriften dürfen für die Textgestaltung aber nicht vernachlässigt werden. Schon der Archetypus aller unserer Handschriften enthielt Fehler; ob ganze Verse fehlten, ist umstritten.

Eine Liste aller Ausgaben des Ausonius bis zum Jahre 1785 bietet die Bipontina-Ausgabe (Zweibrücken 1785; S. XVIII–XXVII); vgl. auch: M.-L. Desgraves, »Repertoire des Editions imprimées des Œuvres d'Ausone (1472–1785)«, in: *Revue Française d'Histoire du livre*, NS 46. (1985) S. 161–251. Ältere Ausgaben besprechen auch Schenkl und Peiper in ihren Editionen. Nicht enthalten war die *Mosella* in der Editio princeps der Werke des Ausonius von B. Girardinus (Venedig 1472), ebenso nicht in weiteren Ausgaben der Jahre 1490, 1494, 1496. Die Erstausgabe der

Mosella stammt von Th. Ugoletus (*Opera Ausonii nuper reperta*, Parma 1499). Weitere Ausgaben folgten von H. Avantius (1507, 1517), G. Aleander (1511 u. ö. mit verbessertem Text). M. Accursius schrieb eine Diatribe *In Ausonium Ovidium Solinum* (Rom 1524) und verbesserte den Text an einigen Stellen. Spätere Ausgaben stammen von E. Vinetus (1551 u. ö.), Th. Pulmannus (1568), J. Scaliger (1575; zweite Auflage 1588 mit »Josephi Scaligeri Ausoniarum lectionum libri duo«).

Für den Text der *Mosella* waren von Bedeutung die Hinweise von G. Barth (1587–1658) in seinen *Adversariorum Commentariorum libri LX* (Frankfurt 1624), ebenso die von Th. Reinesius (1587–1667) in seinen *Variarum lectionum libri III* (Altenburg 1640), von N. Heinsius (in seinen *Adversaria* von 1742).

Weitere wichtige Ausgaben stammen von Jaubert (Paris 1770); J. Ch. Wernsdorf (in seinen *Poetae Latini minores*, Altenburg 1780); M. Freher (Mannheim 1772). Cannegieter erläuterte mehrere Textstellen in seinen *Miscellaneae observationes* (Amsterdam 1739; Bd. 2, S. 161–200). Einen Fortschritt bedeutete die Ausgabe (mit deutscher Übersetzung) von L. Tross (Hamm 1821, 1824). Die erste kritische Ausgabe stammt von E. Boecking (Berlin 1828, 1842), gefolgt von der auf allen Handschriften beruhenden Ausgabe von C. Schenkl (In: *Monumenta Germaniae Historica. Auctores Antiquissimi*, Bd. V,2, Berlin 1883) und der Ausgabe von R. Peiper (Leipzig 1886; Nachdruck Darmstadt 1976). Auf Peipers Edition fußt auch die Loeb-Ausgabe des Ausonius von H. G. Evelyn-White (London 1919 u. ö.).

Wichtige Erläuterungen zur *Mosella* stammen von H. de La Ville de Mirmont (Ausgabe Paris 1889); C. Hosius (Ausgabe Marburg 1894 u. ö.; Nachdruck Hildesheim 1981); W. John (Trier 1932; Nachdruck 1980); A. Marsili (Turin 1957); Ch.-M. Ternes (Paris 1972). Bedeutende neuere Ausgaben stammen von A. Pastorino (Turin 1971, 1978); S. Prete (Leipzig 1978); A. A. Ezquerra (Madrid 1990); R. P. H. Green (Oxford 1991).

Es ist kein Wunder, dass ein so poetisch-anmutiger und liebenswerter Text wie die *Mosella* viele Übersetzer gefunden hat. Einige seien genannt. Ins Italienische übersetzt ist die *Mosella* von A. Marsili (Turin 1957) und E. di Lorenzo (Neapel 1968); ins Französische von A. Jaubert (Paris 1769), E. F. Corpet (Paris 1843; Nachdruck Paris 1972), H. de La Ville de Mirmont (Bordeaux 1889), M. Jasinski (Paris 1935), R. Martin (Paris 1977); ins Englische von F. S. Flint (London 1916), H. Evelyn-White (London 1919 u. ö.), H. Isbell (in: *The Last Poets of Imperial Rome*, Harmondsworth 1971, 52–64); ins Polnische von S. Gzella (1977) und M. Brozek (1986).

Zahlreich sind die Übersetzungen ins Deutsche. Genannt seien die von F. Lassaulx (Koblenz 1799 u. ö.), A. Storck (Essen 1818), C. Geib (Heidelberg 1823), L. Tross (Hamm 1824), E. Böcking (Berlin 1828 u. ö.), E. Klausen (Altona 1832), O. H. A. von Oppen (Köln 1837), K. G. Neumann (Trier 1846), V. Viehoff (Trier 1871 u. ö.), K. Kessel (Bonn 1894), R. E. Ottmann (Trier 1895), W. John (Trier 1932, Nachdruck 1980), M. W. Besser (= A. Müller-Waegener; Marburg 1908, Nachdruck 1936), B. K. Weis (Darmstadt 1989 u. ö.).

Literaturhinweise

Forschungsberichte zu Ausonius

Ezquerra, A. A.: Estado actual de los Estudios sobre Ausonio (Bibliografia critica: 1960–1987). In: Estudios Clasicos 33 (1991) Nr. 99. S. 53–96.

Felber, H. F. / Prete, S.: Ausonius. In: Catalogus translationum et commentariorum. Hrsg. von P. O. Kristeller. Washington 1980. S. 193–222.

Ternes, Ch.-M.: Ausone. Bibliographie objective et subjective. In: Bulletin des antiquités luxembourgeoises 14 (1983) S. 1–126.

Wichtige Ausgaben und Kommentare

Green, R. P. H. (ed.): The Works of Ausonius. Edited with Introduction and Commentary. Oxford: Clarendon Press, 1991.

Hosius, C. (ed.): Ausonius. Die Moselgedichte. Marburg: Elwert, [3]1926. Nachdr. Hildesheim: Olms, 1981.

John, W. (ed.): Ausonius. Mosella. Mit einer Einführung in die Zeit und die Welt des Dichters. Trier: Paulinus-Druckerei, 1932. Neudr. Trier: Spee-Buchverlag, 1980.

Marsili, A. (ed.): Ausonio. La Mosella. Edizione critica con traduzione e note italiane. Torino: Loescher, 1957.

Pastorino, A. (ed.): Ausonio. Opere. Torino: Unione tipografica, 1978.

Prete, S. (ed.): Ausonius. Opuscula. Leipzig: Teubner, 1978.

Ternes, Ch.-M. (ed.): D. M. Ausonius. Mosella. Edition, introduction et commentaire. Paris: Presses universitaires de France, 1972.

Konkordanzen

Bolchazy, L. J. / Sweney, I. A. M.: Concordantia in Ausonium. Hildesheim 1982.

Green, R. P. H.: Wortindex. In: Ders. The Works of Ausonius. Oxford 1991.

Forschungsliteratur

Ausführliche bibliographische Hinweise enthalten die Ausgaben von Prete und Green.

Bieler, L.: Zur Mosella des Ausonius. In: Rheinisches Museum 86 (1937) S. 286–287.
Birt, Th.: Kritik und Hermeneutik nebst Abriß des antiken Buchwesens. München 1913.
Consoli, M. E.: Intertestualità ed originalità nella Mosella di Ausonio. In: Rivista di Cultura Classica e Medievale 37 (1995) S. 127–139.
Deubner, L.: Zum Moselgedicht des Ausonius. In: Philologus 89 (1934) S. 253–258.
Döpp, S.: Die Blütezeit Lateinischer Literatur in der Spätantike (350–430 n. Chr.). In: Philologus 132 (1988) S. 19–52.
Dräger, P.: Alisontia: Eltz oder Alzette? In: Gymnasium 104 (1997) S. 435–461. – Erw. in: Kurtrierisches Jahrbuch 37 (1997) S. 11–38.
– Pythagoreische Zahlenspekulation in Ausonius' *Mosella*. In: Kurtrierisches Jahrbuch 38 (1998) S. 11–16.
Etienne, N. R.: Ausone, ou les ambitions d'un notable Aquitain. In: Revue Française d'Histoire du livre NS 46 (1985) S. 1–97.
– Ausonius et la société de son temps. In: Index 17 (1989) S. 255–262.
Favez, Ch.: Eine gallo-romanische Familie des 4. Jahrhunderts. In: Lossau (1991) S. 11–26.
Florencourt, W.: Die Moselfische des Ausonius. In: Jahrbücher der Rheinlande 5/6 (1844) S. 202–218.
Fuchs, H.: Textgestaltungen in der Mosella des Ausonius. In: Museum Helveticum 32 (1975) S. 173–182.
Fuoco, O.: Tra rivelazione e illusione: La natura nella Mosella di Ausonio. In: Bolletino di Studi Latini 23 (1993) S. 329–358.
Gärtner, H. A. (Hrsg.): Die römische Literatur in Text und Darstellung. Bd. 5: Kaiserzeit II. Von Tertullian bis Boethius. Stuttgart 1988. S. 198–222.
Görler, W.: Die Vergilzitate in Ausonius' Mosella. In: Lossau (1991) S. 146–175.
Green, R. P. H.: Ausonius' Use of the Classical Latin Poets: Some new Examples and Observations. In: Classical Quarterly NS 27 (1977) S. 441–452.

Green, R. P. H.: The Text of Ausonius: Fifty Emendations and twelfe. In: Rheinisches Museum 125 (1982) S. 343–361.
– Man and Nature in Ausonius' Mosella. In: Illinois Classical Studies 14 (1989) S. 303–315.
– On a Recent Redating of Ausonius' Moselle. In: Historia 46 (1997) S. 214–226.
Haag, W.: Ausonius und seine Mosella. In: Festschrift des Friedrichs-Realgymnasiums. Berlin 1900. S. 1–36.
Heep, Ph. J.: Wo lagen die Tabernae in *arva Sauromatum* des Ausonius? In: Jahrbuch des Vereins von Alterthumsfreunden im Rheinlande 18 (1852) S. 1–26.
Heinen, H.: Trier und das Trevererland in römischer Zeit. Trier 1985.
Herzog, R.: Restauration und Erneuerung. Die Lateinische Literatur von 284–374 n. Chr. München 1998. (Handbuch der Lateinischen Literatur der Antike. 5.)
Heyne, Ch. G.: Censura ingenii et morum Ausonii. In: Ders. Opuscula academica collecta. Bd. 6. Göttingen 1812. Nachdr. Hildesheim 1997. S. 19–34.
Hosius, C.: Die literarische Stellung von Ausons Mosellied. In: Philologus 81 (1926) S. 192–201.
John, W.: Zur Gliederung der Mosella des Ausonius. In: Hermes 78 (1943) S. 97–105.
Kenney, E. J.: The Mosella of Ausonius. In: Greece and Rome 31 (1984) S. 190–202.
Klein, R.: Symmachus. Darmstadt 1971.
König, B.: Summationsschema und Epigramm. In: Lossau (1991) S. 202–228.
Korzeniewsky, D.: Aufbau und Struktur der Mosella des Ausonius. In: Rheinisches Museum 106 (1963) S. 80–95.
Kröner, H.-O.: Ausonius und Trier. In: Trierer Beiträge 6 (1979) S. 10–18.
Lossau, M. J.: Ausonius und die litterae Graecae. In: Maia NS 41 (1989) S. 125–142.
– Ausonius. Darmstadt 1991. (Wege der Forschung. 652.)
Martin, R.: La Moselle d'Ausone est-elle un poème politique? In: Revue des Etudes Latines 64 (1985) S. 237–253.
Marx, F.: Decimus Magnus Ausonius. In: Realencyclopädie der classischen Altertumswissenschaft. Bd. II,2. 1906. Sp. 2562–80.
– Ausonius und die Mosella. In: Bonner Jahrbücher 120 (1911) S. 1–18.

Marx, F.: Ausonius: Mosella 32. In: Rheinisches Museum N. F. 75 (1926) S. 127–128.
– Ausonius' Lied von der Mosel. In: Rheinisches Museum N. F. 80 (1931) S. 368–392.
Newlands, C.: Naturae mirabor opus: Ausonius' Challenge to Statius in the Mosella. In: Transactions and Proceedings of the American Philological Association 118 (1988) S. 403–419.
Posani, M. E.: Reminiscenze di poeti Latini nella Mosella di Ausonio. In: Studi Italiani di Filologia Classica NS 34 (1962) S. 31–49.
Prete, S.: La Tradition textuelle et les manuscrits d'Ausone. In: Revue Française d'Histoire du livre NS 46 (1985) S. 101–157.
Principato, M.: Poesia familiare e poesia descrittiva in Ausonio. In: Aevum 35 (1961) S. 399–418.
Ribbeck, O.: Geschichte der römischen Dichtung. Bd. 3. Stuttgart 1892.
Roberts, M.: The Mosella of Ausonius. An Interpretation. In: Transactions and Proceedings of the American Philological Association 114 (1984) S. 343–353. – Übers.: Lossau (1991) S. 250–264.
Schissel, O.: Ausonius: Mosella 32. In: Rheinisches Museum N. F. 75 (1926) S. 127.
Shackleton Bailey, D. R.: Ausoniana. In: American Journal of Philology 97 (1976) S. 248–261.
Siwan, H. S.: Redating Ausonius' Moselle. In: American Journal of Philology 101 (1980) S. 383–394.
– Ausonius of Bordeaux. London 1993.
Szelest, H.: Die Mosella des Ausonius und ihre literarische Tradition. In: Eos 75 (1987) S. 95–105.
Ternes, Ch.-M.: Die Römer an Rhein und Mosel. Stuttgart 1975.
– Le lyrisme dans l'œuvre d'Ausone. In: Revue des Études Latines 64 (1986) S. 196–210.
Thielscher, P.: Collis bei Ausonius, Mosella 324. In: Philologische Wochenschrift 55 (1935) S. 1102–04.
Tordeur, P.: Etude des élisions dans la Moselle d'Ausone. In: Latomus 29 (1970) S. 966–987.
Tränkle, H.: Zur Textkritik und Erklärung von Ausonius Mosella. In: Lossau (1991) S. 229–249.
Urlichs, L.: Zu Ausonius' Mosella. In: Rheinisches Museum N. F. 17 (1862) S. 471–473.
Wightman, E. M.: Trier and the Treveri. London 1970.

Inhalt